一帶一路研究叢刊

中國和瑞士

的·故·事

許穎之 編著

相知無遠近，萬里尚為鄰
—— 寫在中瑞建交六十五週年之際

二〇一五年是中華人民共和國同瑞士聯邦正式建立外交關係六十五週年，雙方分別或共同舉辦了豐富多彩的慶祝活動。我在瑞士出席慶祝活動期間與瑞士朋友多有交談交流，既有對中瑞關係六十五年曆程的回顧感懷，也有對未來發展的思考展望。

中瑞建交六十五年來，兩國友誼和互利共贏的各領域務實合作從涓涓細流匯聚成一條奔騰不息的長河，展現出波瀾壯闊的圖景。

——二〇一五年六月，在習近平主席會見出席《亞洲基礎設施投資銀行協定》簽字儀式的瑞士聯邦副主席施耐德—阿曼等各國代表後，施耐德—阿曼表示：六十多年來瑞士一直是與中國友好交往的先行者，如今作為創始成員國加入亞投行，繼續做中國的合作夥伴，可謂「一以貫之」。

——二〇一五年一月，李克強總理在不到兩年時間內第二次訪瑞，他在會晤瑞士聯邦主席索馬魯加時指出，「兩國始終堅持相互尊重、坦誠相待、平等合作、互利共贏，這是中瑞關係的政治基礎和突出特徵。」

——二〇一四年七月一日，瑞士巴塞爾港口集裝箱碼頭，當分別代表中瑞進出口貨物的兩個集裝箱在汽笛聲中完成裝卸時，慶祝中瑞自貿協定正式生效的活動達到高潮，瑞士成為中國在歐洲大陸和全球經濟二十強中首個自貿夥伴。

——在享有盛名、銀行林立的蘇黎世金融街，中國建設銀行蘇黎世分行的籌建工作業已就緒，在瑞人民幣離岸交易市場蓄勢待發。

——從日內瓦萊芒湖畔到沙夫豪森萊茵瀑布旁，從舉目皆景的盧塞恩市到綿延不斷的阿爾卑斯山，中國遊客身影憧憧，隨處可見。

——瑞士首都伯爾尼聯邦廣場上，旅瑞華僑華人和留學生團體聯合舉辦「遇見中國」大型中國文化宣介活動。瑞士太極拳習練者一招一式圓轉如意，京劇《白蛇傳》選段中瑞士小生扮相俊朗，中瑞朋友同台演出，民眾駐足，互動熱切。

誠然，中瑞兩國相距遙遠，國家大小、發展水平、歷史文化傳統和社會制度存在差異，但這擋不住兩國發展友好關係的步伐，不妨礙雙方攜手開展務實合作的熱情，不影響兩國人民之間誠摯的友誼。

六十五年風雨兼程，六十五年開拓創新，六十五年真誠友好，六十五年碩果纍纍。中瑞關係站在新的歷史起點，面臨前所未有的發展機遇。新形勢下，中瑞兩國的共識和共同利益不斷增加，深化各領域合作的意願更加強烈。中瑞互利共贏，合作前程似錦。

「相知無遠近，萬里尚為鄰」。《中國和瑞士的故事》一書的出版，為兩國建交紀念活動增添了一抹亮麗的色彩。該書邀請中瑞關係的親歷者和見證者，向讀者娓娓講述他們與瑞士的故事，以分享他們在這段歷史長河中擷取的難忘時刻。

希望本書能喚起讀者朋友們對瑞士的記憶，激發對瑞士和中瑞關係的興趣，進一步拉近兩國和兩國人民間的距離。為此，我謹向作者、編者以及所有關心支持本書出版的各界人士表示衷心感謝。

中華人民共和國駐瑞士聯邦特命全權大使

許鏡湖

二〇一五年九月於伯爾尼

鮮有人知的是，瑞士和中國之間持續不斷的接觸始於十七世紀，當時我們的一些商人和傳教士把目光轉向東方，踏上了「中央帝國」的土地。儘管歷史變遷跌宕起伏，兩國間的互動卻綿延不斷，並隨著世紀歲月的流逝變得愈來愈頻繁。越來越多的瑞士人來華，有的還在中國定居，為我們之間的交往鋪路，為構建瑞中友誼添磚加瓦。

時光荏苒，世界發生了超乎想像的變化，而我們兩國人民間的聯繫不斷擴大和加強。二〇一五年是瑞士聯邦和中華人民共和國建交六十五週年。值此機會，我們完全有理由聯袂歡慶共同走過的歷程中取得的一個個標誌性的傑出成就。

一九五〇年一月，瑞士成為最早承認中華人民共和國的西方國家之一。這是具有奠基意義的時刻，它開創了中國政府對外關係眾多事件中的許多第一，因為兩國都重視締造卓有成效的政治、經濟和文化關係。

例如，一九八〇年，瑞士迅達電梯製造公司與中方合作，成立了第一家中西合資工業企業。幾年後，瑞士信貸銀行在中國創辦了合作投資企業，成為外國在華開設的首批金融機構之一。早在一九八二年，蘇黎世就與中國昆明市締結了夥伴關係，成為最早與中國建立此類關係的外國城市之一。一九九一年，中國又選擇瑞士作為其第一個與之進行雙邊人權對話的國家。二〇〇七年，瑞士率先承認中國為市場經濟國家。二〇一三年，中國與一個歐洲大陸國家及世界二十大經濟體之一簽署了第一個自由貿易協定，你們想必能猜到，這個國家還是瑞士。二〇一五年，瑞士又躋身亞洲基礎設施投資銀行首批西方

創始國之列，成為兩國關係進一步密切的標誌。瑞士憑藉其財政、清潔能源和環保方面的豐富經驗，願意為亞洲國家的可持續發展提供支持。

就這樣，我們一起在前進的道路上樹立起了一座座里程碑。其實，意義遠不止於此。誠然，說中國和瑞士攜手在許多方面首開先河，這是對的；但上述事實並不僅僅是若干個「第一」或純粹的數量概念，它們體現的首先是我們兩國關係的實質內容和穩定質量。我們在彼此信任、開放、互利的穩固基礎上，努力促進政治、經濟、教育、文化、科學乃至旅遊等諸多領域的健康和蒸蒸日上的合作。這些令人樂觀和朝氣蓬勃的互動，預示著我們兩國關係的美好前景，符合雙方期待瑞中官方和人員往來越來越強化的願望。瑞士人民和中國人民雖然遠隔千山萬水，但在創新、創業和工作方面擁有許多共同點，有利於相互促進和交流。從某種意義上講，兩國公民就是推動我們雙邊關係發展的一個個使者。

在本書多位作者的回憶和筆錄的趣聞軼事中，無論是記敘瑞士一九五〇年承認新中國的明智決定，還是講述一對瑞士夫婦早在上個世紀七〇年代就來到北京教授德語的罕見經歷，都使我回想起三十年前與中國的初次結緣及我隨之對這個國家萌生的興趣。

自二〇一四年初到北京任職以來，我常被問及對華印象和在此國度最深的感觸是什麼。我來回答這些問題並非易事，因為這個擁有數千年悠久歷史、發展又甚是神速的國家是那麼的多姿多彩，包含著那麼多的細微差別！把以上一切濃縮為隨意間發表的寥寥數語，斷然不妥，豈不是見樹不見林，勢必忽視其本質！中國是個精彩紛呈的多面鏡，提供的觀察角度是無限

的。正因為如此，我樂意抓住走訪每個省市的機會和當地人交談，儘可能加深對這個豐富多彩國家的了解。

　　希望諸位饒有興趣地閱讀此書，期待它成為所有願意增進瑞中美好友誼的人士汲取啟迪的一大源泉。

瑞士聯邦駐華大使

戴尚賢

（瞿宏法譯）

序

瑞士二〇一五年欣逢兩個特殊的週年紀念日：瑞中協會成立七十週年和瑞士與中國建交六十五週年。這兩件不同尋常的大事，都閃爍著高瞻遠矚、尊重、信任和合作的精神：

高瞻遠矚

遙想當年，瑞士一批科學界和經濟界有識之士（其中以醫學和製藥業人士為主），以及瑞士聯邦國會的多位議員們，於一九四五年三月六日召開了瑞中協會的創建大會。協會的創始人之一、曾在一九四五年至一九七〇年間擔任協會主席的濟公（Alfred Gigon）教授、醫學博士在一篇序言中這樣寫道：「近年來，中國大大拉近了與我們的距離……這個偉大的民族在過去數十年裡所經歷的翻天覆地的變化，增進了我們對中國的理解。」這句話在今天依然適用。

高瞻遠矚，也是瑞士聯邦委員會在一九五〇年展現出來的精神。作為首批這樣做的西方國家之一，瑞士早在一九五〇年一月十七日便承認了剛剛成立不久的中華人民共和國。同年九月十四日，兩國正式建立外交關係。瑞士的這一充滿勇氣的決策，為瑞中兩國如今發展良好、多姿多彩而富有活力的雙邊關係打下了基礎。

尊重

瑞士和中華人民共和國有著不同的歷史、語言、傳統和政治制度。然而，「相互尊重」成為兩國相互交往的一個基本共識。

回顧兩國建交六十五年以來的歲月，我們欣喜地看到，瑞士與中國這個多民族國家一直毫無間斷地保持並深化各種良好的交往聯繫，遍及人類共同生活的各個領域——包括科研、經濟、文化和旅遊。當然，不可否認的是，兩國交往過程中也曾有過困難時刻，這對雙方都是一種挑戰。在這方面，我們深信，只有尊重對方的價值觀，才能確保對彼此的尊重和相互間的理解。瑞中協會每年出版兩次會刊《瑞中》，裡面經常介紹中國各方面的發展動態，並予以尊重和認可。

信任

信任是相互的，建立在共同的經歷和彼此間的理解之上。相互信任，是瑞中兩國關係的主調。

兩國在科學和經濟界日益增加的各種交往，特別是個人之間的聯繫，在中國一向發揮著舉足輕重的作用。在企業和個人之間的交往中，「值得信賴」既是友誼的體現，也是一個極為關鍵的成功因素。多年來，瑞中兩國在環境和可持續發展、人權和移民、教育和科技，以及金融領域，都一直展開著交流對話。

合作

瑞中協會成立七十年，特別是兩國建交六十五年以來，雙方的合作取得了長足發展，其速度令人始料未及。自二〇一〇年起，中國已成為瑞士在亞洲最重要的貿易夥伴，也是瑞士全球第三大貿易夥伴，僅次於歐盟和美國。此外，已有將近六百家瑞士企業在中國投資落戶。兩國交往合作中里程碑式的事件難以勝數。在此，我僅列舉以下一些重大事件作為例證：

一九五四年，中國的周恩來總理參加在日內瓦舉行的印度支那問題國際會議，標誌著中華人民共和國首次登上國際舞台；

一九七六年，當時的瑞士航空成為全球第二家開通了前往北京和上海航線的航空公司。時至今日，每天都有飛往北京、上海和香港的航班，保障著兩國之間的人員和貨物往來；

一九八二年，也就是鄧小平實施改革開放政策四年之後，瑞士蘇黎世市與中國雲南省昆明市締結友好城市關係。二〇〇七年，巴塞爾與上海結為兩國大都市之間的又一對友好城市；

瑞士在香港、上海和廣州都設有總領事館。此外，瑞士還於二〇〇八年在上海開設了瑞士科技文化中心（Swissnex），它作為一個平台，積極支持瑞士教育、科研和創新機構的國際化進程；

在此還應提及的是，中國改革開放後首家中外合資企業，正是一家中瑞合資企業，它是在一位後來成為瑞士聯邦駐華大使的人士的推動下創建的。二〇一四年七月一日生效的中瑞自由貿易協定，是中國與首個歐洲大陸國家、也是中國與首個全球前二十大經濟體簽訂的自由貿易協定；

三十年來，瑞中協會一直推動瑞士和中國的中學生之間進行的交流活動，並支持瑞士中學生到中國留學一年。這是由瑞士因特拉肯中學前校長發起的一項開創性活動；

還值得一提的是，多年來，瑞中協會每年都定期多次邀請並組織在瑞士的中國留學生參觀訪問瑞士的企業和其他機構。瑞中協會高度重視與中國留學生和年輕的科研人員之間的這種交往關係，因為這些年輕人未來將成為讓交流合作薪火相傳的中堅力量，也將成為瑞中兩國之間的一道橋樑；

二〇一三年和二〇一四年，中國的李克強總理兩次訪問瑞士。近年來，瑞士的多位聯邦委員也先後率經濟代表團訪問中國。這些訪問活動也都成為兩國交往史上的里程碑。

　　以上為數不多的幾個實例，已足以令人讚嘆不已。從這些實例可以看出，兩國友誼和合作之樹根深葉茂，碩果纍纍。我深信，我們在今後的數年乃至數十年中，還將收穫更加豐碩的果實，讓本國和對方國家的人民都獲益無窮，共享友誼和合作的成果。

　　本書由多位作者合力而成，內容充實廣泛，多方面印證了瑞中兩國多年來極其優異的、友好而穩固的交往合作關係。在此，我特別感謝許穎之女士和王慶忠先生。他們在瑞士工作期間，以及回國退休以後，一直孜孜不倦地為加深兩國之間的友誼和合作而辛勤工作，並使本書得以出版發行。

托馬斯・瓦格納博士

瑞中協會主席，榮獲中國人民對外友好協會

「人民友好使者」稱號

二〇一五年七月於瑞士蘇黎世

（王維譯）

篇 交流

中瑞建交始末及兩國關係中的
多個「第一」

蔡方柏

（中國前駐瑞士大使）

　　二〇一五年是中華人民共和國同瑞士聯邦建立
正式外交關係六十五週年。中瑞建交六十五年來，
兩國關係取得長足發展，特別是進入二十一世紀
後，兩國的友好合作關係在相互尊重、平等互利基
礎上取得了突破性進展，高層互訪頻繁，經貿關係
突飛猛進，人文交流密切，在國際事務中保持著良
好的溝通與協作，創造了多個「第一」。在慶祝中
瑞建交六十五週年之際，作為前駐瑞士聯邦大使，
筆者願對中瑞建交始末及雙邊關係發展中所創造的
多個「第一」作一簡要回眸，以凸顯中瑞關係在構
建以合作共贏為核心的新型國際關係中所起的引領
作用。

姚依林副總理（前排
中）出訪途經瑞士，
看望中國駐瑞士使館
工作人員。（前排右 3
為蔡方柏大使）

承認新中國並與其建立正式外交關係

　　中華人民共和國成立初期，歐洲多數國家迫於
美國的壓力，都對其避而遠之。當時美國千方百計
打壓和孤立新中國，並試圖削弱其國際影響力。外

交方面，美國要求盟國在是否承認新中國問題上必須與其保持完全一致。美國還專門照會歐洲的中立國和拉美國家，不得先於華盛頓承認新中國，並竭力阻撓中華人民共和國重返聯合國。

早在一九四九年六月，美國就曾致電瑞士政府，發出「貴國過早承認亞洲一個共產黨政權將不適宜」的警告。但瑞士領導人具有戰略眼光和維護自身利益的決心，通過分析，他們清楚地認識到，「共產黨在中國的統治將持續較長時間，因此早承認比晚承認好」，以此維護其在華利益並借此發揮中立國可以介入國際熱點問題的獨特作用。如後來

《朝鮮停戰協定》簽署時，瑞士成為中立國監察委員會成員之一。有鑑於此，一九五〇年一月十七日，瑞士聯邦政府主席兼外長馬克斯・彼蒂彼愛致電毛澤東主席稱：「瑞士聯邦主席榮幸地通知毛澤東主席先生閣下……現決定在法律上承認中華人民共和國中央人民政府，並準備與貴政府建立外交關係，我們將借此來實現中瑞之間久已存在的良好關係的願望。」二月六日，彼蒂彼愛又電告周恩來總理：「瑞方已任命其駐香港領事澤文・施褆納為駐華臨時代辦，來北京與貴外交部取得聯繫，我希望知道您是否準備接受他的這個名義。」

中方十分重視瑞士方面的表態和要求，認為瑞方的對華政策有利於我發展與西方國家的友好合作關係。周恩來總理研究了瑞方電文並指示外交部於二月十日作出如下答覆：「我現在受中華人民共和國中央人民政府主席的委託通知閣下，在貴國政府與中國國民黨反動派殘餘斷絕關係之後，中華人民共和國中央人民政府願意在平等、互利及互相尊重領土主權的基礎上建立中華人民共和國與瑞士聯邦之間的外交關係，並望貴國政府派遣代表前來北京就此項問題進行談判。」在周總理的指示下，外交部副部長李克農覆電彼蒂彼愛，表示接受指定為臨時代辦的澤文・施褆納為瑞士聯邦政府派來北京就兩國建立外交關係問題進行談判的代表。

建交談判進展順利，四次會談達成雙方滿意的協議

不同於跟西方大國的建交談判，中瑞建交前需要解決的「重大問題」不多，存在的障礙也較少，所以只通過四次談判，就達成了雙方滿意的協議。

第一次會談是一九五〇年五月二十六日，外交部副部長章漢夫和歐非司司長宦鄉、副司長溫朋久會見了瑞士談判代表澤文・施褆納，雙方就兩國建交相關問題交換了意見。關於瑞士同國民黨政府斷交的問題，施褆納表示，南京解放前，瑞士在中國曾有一公使館，由代辦主持工作，南京解放後，瑞士公使館未跟隨國民黨政府遷移。瑞士在廣州還曾有一名譽領事（商人），也於一九四九年五月離去。瑞士承認中華人民共和國時，即宣告正式斷絕與國民黨方面的關係。一九五〇年一月，瑞士聯邦政府一方面通知中華人民共和國中央人民政府願意與其建立外交關係，同時也通知國民黨駐伯爾尼公使與之斷絕關係。至於國民黨駐瑞士使館問題，瑞士政府已將前國民黨駐瑞士使館及其中財產檔案封存，並準備移交給中華人民共和國的代表。

第二次會談是同年六月九日，施褆納應邀來中國外交部進行商談。施褆納首先遞交了一份「移交記錄」，詳細列舉了國民黨在駐瑞士使館的財產，包括使館的建築、家具、一些檔案資料和日用品。施表示：「中國在瑞士的唯一國家資財為前國民黨

政府駐伯爾尼公使館中的家具、檔案等項，中國國家財產現由瑞士聯邦政府政治部（即外交部）負責保管，準備將來移交中華人民共和國中央人民政府所委派的代表。」（註：至於公使館館舍，因為是前日本使館，由盟國租予中國使用，所以不是中國國家財產）六月三十日，我外交部在致瑞方的答覆信中表示，對瑞方斷絕與國民黨政府一切關係和確認中華人民共和國政府在瑞士合法資財所有權表示滿意。

六月三十日，施褆納應約來我國外交部進行第三次會談，所談內容為交換使節問題。施褆納表示，瑞士政府派駐各國使節只派公使，不知中華人民共和國中央人民政府希望瑞士派大使或公使。章漢夫副部長表示，這要請示中央人民政府後再作答覆。

八月八日，施褆納來中國外交部進行第四次會談。施褆納表示，現在他接到政府的指示，決定派遣全權公使為瑞士聯邦政府駐中華人民共和國的代表。施還說，瑞士聯邦政府希望中華人民共和國中央人民政府在瑞士尚未派定公使之前，就承認他本人為駐華代辦或臨時代辦。章漢夫副部長表示，這件事請瑞士聯邦政府自行決定。八月十六日，宦鄉司長、溫朋久副司長會見施褆納。宦鄉表示，在瑞士派駐華公使前，如中國先派公使去瑞士，不知瑞士政府意見怎樣？施答稱，瑞士政府積極歡迎中國先派公使去瑞，因為瑞士駐華公使要在九、十月份

才能任命。

一九五〇年九月十四日，中瑞兩國正式建立外交關係。瑞士成為最早承認並與中華人民共和國正式建立外交關係的歐洲國家之一。

中國政府任命的駐瑞士首任特命全權公使馮鉉於十二月三日由布拉格抵達瑞士任職。當他到達蘇黎世機場時，瑞士政治部（即外交部，下同）的服務社主任迎接並陪同至首都伯爾尼，在伯爾尼由政治部交際處長到火車站迎接。

十二月八日，瑞士聯邦主席彼蒂彼愛在伯爾尼接受中華人民共和國駐瑞士聯邦首任特命全權公使馮鉉遞交的國書。

十二月二十七日，任佐立以瑞士聯邦首任駐華特命全權公使身分拜會了周恩來總理，並於次日向中華人民共和國中央人民政府副主席朱德遞交了國書。至此，兩國順利建立了外交關係並互派特命全權公使，中瑞關係翻開了新的一頁。

在馮鉉公使的積極努力下，一批著名科學家和留學生取道瑞士回國參加社會主義建設。他還安排並參與了周恩來總理率團出席關於解決印度支那問題的日內瓦會議並訪問瑞士，為中華人民共和國首次亮相國際政治舞台發揮了重要作用。中國駐瑞士使館成為我國與歐洲及其他地區未建交國家交往的一個重要窗口。中國與法國的建交公報就是由戴高樂總統特使德·博馬歇同我駐瑞士大使李清泉在我駐瑞士使館談成的。

中瑞關係在中國與西方國家交往史上創造多個「第一」

　　中瑞關係的最大特點是敢為人先。一九八〇年，中國剛推行對外開放政策時，瑞士迅達集團就第一個走進中國市場，在北京成立中國第一家合資企業。二〇〇七年，當不少國家特別是西方國家推行貿易保護主義時，瑞士成為歐洲國家中率先承認中國完全市場經濟地位的國家之一。二〇一〇年一月，時任副總理的李克強參加世界經濟論壇並訪問瑞士，與瑞士領導人就兩國開啟自貿協定談判達成共識。同年四月，雙方舉行首次談判。此後三年共進行了九輪談判，取得了積極進展。二〇一三年五月，李克強出任總理後首訪國家選擇了瑞士。在這

二〇一三年七月六日，中國商務部長高虎城和瑞士聯邦委員兼經濟部長約翰·施奈德—阿曼在北京簽署中瑞自貿協定。

次訪問中，雙方簽署了結束中瑞自貿區協定談判諒解備忘錄，兩個月後就簽署了自貿協定。二〇一四年七月一日，瑞士在巴塞爾的萊茵河港口舉行盛大的慶祝儀式，瑞士聯邦委員兼經濟部長約翰・施奈德—阿曼出席並隆重宣布中瑞自貿協定生效。瑞士由此成為歐洲大陸第一個與中國簽署自貿協定的國家，這有力地推進了雙邊關係特別是經貿關係的快速發展。

《中國—瑞士自由貿易協定》的簽署和正式生效，是中瑞關係史上具有里程碑意義的重大事件，其意義遠超出雙邊關係的範圍。這項戰略性的舉措不僅使兩國經貿合作取得突破性的進展，二〇一三

年兩國貿易額猛增至五百九十五點三億美元，同比增長百分之一百二十六；而且這是中國同歐洲大陸國家間的第一個自貿區，也是中國同世界經濟二十強國家間的第一個自貿區，對其他國家會產生重要的示範和引領作用。

　　二〇一五年三月，當某強國竭力阻撓一些發達國家申請成為中國倡議的亞洲基礎設施投資銀行的創始國時，瑞士再次頂住壓力，宣布申請成為亞投行創始會員國。經履行有關手續後，瑞士於三月二十八日正式成為亞投行的創始成員國。

　　李克強總理在二〇一三年五月二十四日的瑞士金融界人士午餐會上指出：「中瑞關係之所以歷久彌新，成為不同文化國家之間友好交往的典範，主要得益於一種敢為天下先、爭當『第一』的品質。我們應當傳承和弘揚這種開拓進取的精神，促進中瑞關係始終站在時代的、世界的潮頭，不斷追求卓越。」

　　展望未來，筆者深信，只要雙方保持著與時俱進、敢於創新、敢於突破的精神，中瑞互利共贏的友好合作關係在未來的歲月裡定能創造更多新的「第一」，再造輝煌。

周恩來、陳毅與中瑞關係

王建邦

（中國前駐瑞士大使館政務參贊，

前駐阿爾及利亞大使）

　　一九五四年和一九六一年，周恩來總理與陳毅副總理兼外長在兩次日內瓦會議期間先後順訪瑞士以及在瑞士的活動，在瑞士留下了深刻的印記。儘管已過了半個多世紀，但他們在瑞士人心目中享有的崇高威望，以及兩位偉人為中瑞友誼所作的巨大貢獻，至今被人稱頌，永垂史冊。現就我記憶所及，追記幾個有關的故事。

　　一九六〇年八月一日，瑞士駐華大使納維義舉行國慶招待會。周總理破格出席，即席講話，讚揚瑞士的中立政策，並說中瑞關係堪稱和平共處的典範。這番講話受到瑞方的高度重視，引起強烈反響。當天晚上，恰逢中國駐瑞士武官舉行建軍節招待會。由於時差，瑞方早在七個小時前就得悉了總理講話內容。因此，出席招待會的瑞士軍政官員一進門就向我通報這一喜訊。瑞士人深知總理講話的分量。早在一九五四年日內瓦會議期間，瑞士人就被周恩來的大國風範和高超的外交藝術所折服，此時總理高度讚揚瑞士中立政策，讓瑞士人

更加意識到它的深遠意義。因為當時國際局勢動盪分化，暗流湧動，瑞士的中立政策也受到某種勢力的質疑，所以賓主都把這件大事相互傳告，從而使中瑞典範關係成了大家交談的主題。招待會自始至終洋溢著熱烈友好的氣氛，賓主頻頻舉杯祝賀，讓送酒送水的招待員往來穿梭，應接不暇。招待會的這種盛況，敏感的記者第二天就作了詳盡的報導。有的評論說，周總理的講話對兩國關係具有里程碑意義。

周總理的講話確實具有極大的感召力和輻射作用，兩國關係不斷升溫。次年，也就是一九六一年，陳毅副總理兼外長參加日內瓦會議時順訪瑞士，進一步加大了這個勢頭。他不僅與瑞士聯邦主席瓦侖和外長彼蒂彼愛進行了友好務實的會談，而且在日內瓦會議間隙到瑞士居民家中做客，與老百姓隨意攀談。當地人得知這位彬彬有禮的客人竟是陳毅元帥時，都爭相與他合影留念。尤其令人矚目的是，陳毅在參觀遊覽時經常揮毫潑墨，即興賦詩。他在憑弔日內瓦的盧梭島時，開宗明義地指出盧梭是「瑞士籍法國人」，並且表彰他倡導民主、「不強加於人」的傳世學說。陳毅對瑞士人與法國人都引為驕傲的先哲作出客觀公允的評價，自然引起人們的關注。這首詩第二天就被翻譯見報。而陳毅遊覽日內瓦湖與圖恩湖（Thunersee）時所寫的即景詩篇，不僅讚美瑞士秀麗的景色，而且以景寓情，寄託心志，以「無何霧散雲開後，山色湖光又

一九六一年，陳毅副總理兼外長和夫人張茜與中國駐瑞士使館人員合影。（第二排左8為王建邦）

一天」的豪邁瀟灑詩句，表達從容自若、樂觀主義的精神。陳毅留下的這些詩篇，陸續被德文、法文報刊譯載，以至這位「元帥詩人」的作品風靡一時，不斷有人向使館索取。

陳毅對擴展中瑞友好合作極為重視。日內瓦會議之後，他專程來伯爾尼會見使館全體人員。大家在客廳席地而坐，聆聽陳毅的講話。他說，瑞士是個小國，但是個強國，她起到了大國所不能起的作用。他告誡我們要警惕大國沙文主義，真誠尊重瑞士，維護兩國友誼，發展各方面的合作。遵照陳毅的指示，在上世紀六七十年代，中瑞間開展了一系列經濟與人文交流。中國藝術團在伯爾尼、巴塞爾的演出場場爆滿，中國舉辦的展覽會和在洛迦諾電影節上放映的影片，觀眾如潮。報刊上有關中國的報導也是連篇累牘。瑞士社會上悄然興起了一股「中國熱」。

當我們看到中瑞友好關係日新月異、長足發展時，自然會緬懷兩位偉人。正是由於他們的正確決

策和人格魅力拉近了兩國人民的距離，奠定了兩國友誼的基礎，以至薪火相傳，結出今天的豐碩成果。我們將遵照周總理和陳毅副總理的遺願，積極推進兩國在多方面、多層次、多領域的合作，使中瑞友好關係邁上新的台階。

友好交往四十年

——我與「瑞中協會」

許穎之

（瑞中協會榮譽會員，中國前駐蘇黎世總領館領事、

前駐瑞士大使館文化秘書）

「發現」瑞中協會和同第二任協會主席烏布利希的友好交往

一九七二年，我和丈夫王慶忠被派往駐瑞士大使館任職。我在新聞文化處工作，長達十年，經歷了許多重要事件，見證了中瑞友好關係特別是民間友好關係的發展。「發現」瑞中協會，令我至今記憶猶新。

記得在七〇年代中，我去蘇黎世拜訪利特貝爾格博物館（Rietberg Museum）館長，談完事出門時，在博物館大門的牆上，看到一張過期的舉辦「箏」音樂會的廣告，舉辦單位是「中瑞協會」。當時我以為可能是某華僑組織所為，因為冠名「中瑞」。出於好奇，我向博物館工作人員了解到該協會的地址和電話號碼，並獲悉協會主席是巴塞爾的烏布利希先生（Dr. V. Umbricht）。

不久，我和使館文化處領導徐希忠先生便電話約定去拜會這位協會主席。根據地址，我們在巴塞

爾的汽巴——嘉吉化工公司（Ciba Geigy）的一座辦公樓中找到了他的辦公室。一進門，他便同我們握手，表示歡迎。落座後，互相交換名片。從他的名片上，我看到他的職務：汽巴——嘉吉公司經理、聯合國湄公河委員會主席、瑞中協會主席。他的主要職務是公司經理，所以把協會地址與他的辦公室合在一起。

他向我們簡單介紹了中瑞協會的前世今生：上世紀四〇年代，二戰期間，一批在德國的中國留學生和科研人員為避戰亂，來到瑞士尋求繼續學習和進行研究工作的機會，得到瑞士官方、化工企業和民間人士的支持和贊助。以這些中國人為基礎，一些研究中國的漢學家和企業界人士發起組織了民間學術性組織「中瑞協會」。協會選舉濟公教授（Prof. Dr. A. Gigon）為主席，吸收會員，出版刊物，舉辦學術活動等。因為當時參加的會員主要是中國人，故稱「中瑞協會」。後來由於中國政權的更迭、會員的離散、前任主席濟公的辭世等諸多原因，協會長期處於「休眠」狀態。直到不久前，他接任協會第二任主席後，才開始逐漸「喚醒」協會。

交談中，烏布利希主席特別提出三點：（1）政治上，協會遵從瑞士政府只承認一個中國即中華人民共和國的原則立場；（2）協會擬改名為「瑞中協會」並出版新會刊，希望大使館為協會新會刊用漢字題寫「瑞中」二字；（3）希望大使館為協會開展活動提供支持和幫助，雙方多加強聯繫。我們當即

對他關於「一個中國」政策的表述表示讚賞，對其兩項要求表示一定給予滿足。

當時，我感到十分高興，不僅「發現」了一個對華友好的協會，而且結交了一位朋友。

就這樣，瑞中協會和中國大使館正式建立了聯繫。雙方每年都舉辦多次友好活動，邀請對方參加，關係日益密切。我和協會的友誼也不斷加強。

一九八二年，我們離任回國時，烏布利希主席和協會全體領導成員在伯爾尼為我們舉行了隆重的告別宴會。宴會上，大家紛紛表達惜別之情，都以為中瑞相隔千山萬水，今後難得再見一面。

令人意想不到的是，這次聚會並不是最後的告別，而是友誼延續的開始。從那以後，我和協會的關係並沒有中斷。

時至今日，我高興地看到，瑞中協會不斷發展壯大，除總部外，在伯爾尼和洛桑各設有分會，會員從個人到企業團體數以百計，遍布瑞士全國各地。協會每年都舉辦多次對華友好活動，如報告會、展覽、音樂會、參觀訪問、組織訪華和青年交流等。它在政治、經濟、文化界具有一定影響，受到瑞士各界人士的讚賞，為瑞士和中國人民的相互了解和友誼作出了巨大貢獻，成為兩國人民友好合作關係的一個重要組成部分。

從「發現」瑞中協會開始，我就和協會結下了不解之緣。在長達四十多年的時間裡，我與其歷任主席都有著密切交往，友誼深厚。朋友是「財富」，

我為擁有如此珍貴的財富而深感自豪和欣慰。

漢斯・烏里・阿曼——瑞中協會第三任主席

　　阿曼先生（Hans Uli Ammann）是一位企業高層管理人員，他曾在瑞士汽巴——嘉吉化工公司駐香港的分支機構任總經理多年，對中國比較熟悉。在他擔任主席期間，我和慶忠於一九八八年重返瑞士，籌建中國駐蘇黎世總領事館，並在此工作至一九九一年，然後轉至伯爾尼大使館工作。其間，尤其是在蘇黎世任領事期間，我與阿曼主席保持經常聯繫，合作密切，非常愉快。有兩件事，至今印象深刻。

　　一是他接待山東省對外友好協會副會長隋文曉率領的代表團訪瑞，全力以赴，我和代表團深受感動。他雖是一位古稀之年的老人，卻不辭勞苦，跑前跑後，親自安排和陪同代表團各項活動。他不僅在酒店舉行正式歡迎宴會，而且和夫人在家中招待代表團。最值得一提的是，他親自駕車陪同代表團到伯爾尼拜訪中國大使館。他悄悄對我說，為來大使館，他特意換上一條淺灰色的新褲子，配上深藍色上裝，以示莊重。這一細節彰顯出他對那次拜訪中國大使館的重視和禮貌。在使館午餐後，他又繼續駕車帶領代表團到瑞士西部和南部參觀遊覽，讓中國朋友儘可能多地了解瑞士各地的風土人情和自然環境。這位既當陪同、又當司機的阿曼主席給代

一九九二年五月，阿曼（左2）出席歡迎山東省對外友協代表團酒會。右3為王慶忠領事。

表團留下了極為深刻的印象。

　　二是一九九二年夏，我們應阿曼夫婦邀請到他們在達沃斯的別墅度週末。達沃斯是瑞士東部著名的滑雪勝地，又因達沃斯世界經濟論壇每年在此召開年會，世界各國政要、工商翹楚雲集於此，為世界經濟把脈，使得這個小鎮名揚四海。我以前雖參與接待國家領導人到過達沃斯，但因工作繁忙，並沒有仔細體驗過它的魅力所在。這次阿曼主席親自駕車帶我們去「玩」，身心完全放鬆，一路盡情欣賞美麗的湖光山色。路過庫爾（Chur）之後向東，高速公路變成了山間小路。這裡河谷深塹，山路崎嶇，對駕車人來說，都是不小的挑戰。我們盡量保持車內安靜，不再說話，以免分散阿曼的注意力。一個小時後，我們抵達他們的別墅。那是一座三層小樓，阿曼住在二層兩室兩廳的套間。朝南的一間是阿曼夫婦的臥室，朝北一間稍小些，擺放著可供

四人住宿的雙層床。兩室之間是個約四十平方米的餐廳加客廳，還有一個供取暖的大壁爐。沙發和餐桌都是木製材料。整套房子給人的印象是簡約、溫馨又實用，這也體現出現代瑞士人的性格。阿曼夫婦為我們準備了豐盛可口的晚餐，由於長途旅行，我們食慾大增，盡情地享用。次日早餐後，阿曼開車帶我們遊覽附近的山村。達沃斯是個村子，但不乏高樓大廈、五星級酒店，也不缺時裝、高級化妝品商店。山村附近到處都是飯店、咖啡館和影院、舞廳等娛樂場所。阿曼並不帶我們去這些地方，而是領我們去看本地居民生活的小居住點，以便了解他們的真實生活。那天雖值盛夏季節，但山區天氣突然變冷，下起大雪。阿曼趕緊找了一家村民小飯館，給每人要了一碗熱蘑菇土豆湯暖身。他告訴我們，村子裡有許多人家開設家庭客房，夏季供客人來此避暑，享受清新的空氣、明媚的陽光和慢節奏的生活。而到了冬天，則是滑雪的旺季，世界各地滑雪愛好者從四面八方來到這裡，到處人山人海。每年一月的達沃斯論壇期間，更是熱鬧非凡。一個過去的窮山村變成了今天的旅遊和度假勝地。

晚上，我們在阿曼家中用過晚飯，便喝茶聊天，無話不談。歡聲笑語充滿整個空間，難以分清友情和親情，非常溫馨，真正像是在自己家中一樣。

感謝阿曼夫婦的盛情邀請，給我們提供了一次了解瑞士民情的好機會，也給我們留下終生難忘的

美好記憶。

阿曼主席一生與中國結緣。上個世紀末，他結束多年在香港的工作返回瑞士後，即擔任瑞中協會領導成員，一九八六年任協會主席。一九九一年卸任領導職務後，他擔任協會會刊《瑞中》主編，直至二〇〇〇年。有人形容稱，中國對阿曼有極強的吸引力。阿曼自己則說：「無論是誰，一旦與中國日久生情，則終生難捨。」

二〇一四年夏天，我們去瑞士探親，本想安排一天去看望阿曼這位多年的老朋友，不幸的是突然接到他與世長辭的消息。我們無比悲痛，回憶起和他多年的友誼，久久不能安靜下來。

安息吧，老朋友！我們永遠懷念你！

一次訪華，終生結緣 —— 瑞中協會第四任主席愛爾文・莫澤爾的中國情結

我認識莫澤爾（Erwin Moser）始於上世紀七〇年代初。我到駐瑞士大使館工作不久，有一天，接待了一位來訪的客人 —— 一位中年男子，一頭捲髮。他自我介紹說叫愛爾文・莫澤爾，是一位建築師，一年前曾參加一個盧森堡訪華團到過中國，留下深刻印象，很想再次訪華，特來諮詢有無可能性。交談中我能感到，他的願望是真誠的。當年中國旅遊業剛剛起步，沒有開展自由行。正巧，那時瑞中協會正在組織會員團訪華。我推薦他去試試與

該會主席烏布利希聯繫，興許有可能。於是，他迅速聯繫，訪華得以成行。從此，他加入了瑞中協會。不久，他被選為協會領導成員，繼而「升任」副主席，一九九一年被選為主席。

從第一次訪華開始，他就和中國結了不解之緣。他一生中何止百次踏上中國土地。從東到西、從南到北，中國廣闊的大地上，到處都留下了他的足跡。他舉辦報告會、聚餐會，用發表文章等形式向廣大瑞士人民介紹中國的古老文化、生活習俗、風景名勝以及經濟不斷發展的情況，成了一位深受尊敬的「中國通」。

我和莫澤爾先生從首次相識起，或在瑞士，或在中國，在長達三十多年的時間裡，始終保持著密切的交往、真誠的友誼，也成了多年的老朋友。

將專業知識獻給中國

上世紀九〇年代初，莫澤爾在中國看到各地房地產開發熱火朝天，但對建築工程質量，尤其對環境保護、節能減排措施嚴重忽視。他曾多次走訪建設部，也多次向他到訪的地方政府呼籲，要建立有關法律法規，改變理念。我記得有一次他與山東省領導會見時指出，他觀察到附近一座在建的高級賓館項目似乎沒有採取必要的保溫節能措施，並稱這類建築為「裸體樓」。這一比喻引起主人的疑惑。他進而解釋說，建築物和人一樣，不能只有美麗的「外衣」，必須冬要保暖、夏要隔熱納涼。否

則，長期生活在這座樓房裡的人們只好冬天加大供暖，夏天大量使用空調。問題來了，高能耗帶來高碳排放，增加了污染，危害人們健康，還增加了運行費用。說罷，二人哈哈大笑。主人十分讚賞莫澤爾的理念，但認為，真正做起來需要立法和轉變觀念。

　　一九九五年，莫澤爾在中國設立了一家中瑞合資的建築設計事務所，試圖設計出實用而又環保的樣板作品，加以推廣。實踐證明，按他的理念，往往因加大環保措施而使工程造價高於競標對手，從而失去商機。對此，他無怨無悔，有人說他是個「頑固不化」的老頭子。

一塊糖紙

　　莫澤爾的環保意識貫徹到他生活的方方面面。記得有一次，我陪他拜訪河北省的一個縣政府領導，會客廳擺滿了糖果等茶點。告別時，主人拿起一塊糖塞到莫澤爾手中，他順便剝開糖紙，將糖放入口中。主人陪我們參觀縣城市容。說實話，街邊到處可見隨地亂放的垃圾。正走著，只見莫澤爾走向一個少見的垃圾桶，順手將攥暖了的糖紙丟了進去。他的這一舉動引起中方人員的注意，說人家莫澤爾先生就是不一樣，一塊糖紙也不隨便扔掉。我翻譯給他聽，他笑答：這是瑞士人長期養成的習慣，隨地亂丟垃圾是不文明的行為，如不注意還會受到兒孫們的譴責。

生態、環保是他在華活動的主線

上世紀九○年代中期，山東省政府聘請莫澤爾為經濟顧問，邀請他出席一個區域規劃評審會。會上，他對山東省社會經濟發展特別是公路交通建設給予積極評價，但對農村建設提出了批評，認為把農民遷到兵營般的簡易樓房，沒有了菜地，沒有了老槐樹下的庭院，恐怕農民生活不但不會改善，反而帶來諸多不便。與此同時，在農民原來的宅基地上統一蓋起單體西式別墅商品房，這就犧牲了農民的利益。他認為，這不是農村城市化的方向。

莫澤爾不僅本人，而且還組織瑞士環保專家、學者來華舉辦報告會、研討會等活動。在北京、山東，甚至遠到烏魯木齊，他多次與地方政府環保部門共同探討污水處理、鍋爐改造等項目。

在瑞士，他曾接待我中央、省市環保部門的一個又一個代表團，考察訪問瑞士的環保項目。作為主席，他沒有秘書，沒有辦公室，協會的工作花費了他大量的時間和心血，有時還要投入資金支持，但他一直把協會的工作當成自己畢生的事業。

把朋友當親人請進家中

莫澤爾夫婦有兩處住宅，一處在阿勞市，另一處在阿彭采爾州的山區，是他們度假的別墅。兩處住宅都不大，但他們先後曾為兩名中國留學生提供免費吃住，外加助學金。他們曾邀請訪問瑞士的中國朋友到他家小住，其中包括北京市對外友協副會

長萬云女士。

　　我和慶忠也多次被邀到他們家中度週末。莫澤爾親自下廚，烹製拿手好菜：蒸魚、煎牛排、烤奶酪、烤香腸。餐後咖啡也由他負責。他夫人是素食主義者，她烤制的甜食使我們忘記了減肥限令，酒足飯飽。大家在歡聲笑語中交談，特別輕鬆愉快，像在自己家中團聚一樣。

最後一次餐聚

　　二〇〇八年夏，我和慶忠去瑞士探親，想去看望莫澤爾夫婦。經電話聯繫得知，他們雙雙住進醫院，正接受治療，他夫人羅絲瑪麗（Rosmarie）情況較好，允許探視。於是，我們約了雙方的朋友麥因貝格（Prof. Dr. Meienberger）教授同去醫院探望她。見到她時，正是午餐時間，看上去，她精神很好，飲食逐漸恢復正常。大夫說，幾天後即可出院。但住在同一醫院的莫澤爾，卻因剛做了手術，不便會見。他讓羅絲瑪麗轉告我們，出院後一定約我們到家中見面。幾天後，我們收到邀請，便迫不及待地趕往他們的山區別墅。羅絲瑪麗雖然打扮入時，顯得一臉陽光，興高采烈，但身體還很虛弱。她開車到火車站接我們，此情令我們十分感動。

　　莫澤爾在別墅的門口迎接，彼此見面互相擁抱，行貼面禮，大家都非常高興和激動。像往常一樣，莫澤爾熱情地像對待親人般招待我們。他略顯胖些，行動有點遲緩，但還是堅持下廚房燒飯，為

我們烹製了肉餅煎土豆。進餐時，他按著中國的習慣，不停地給我們往盤中夾菜。他說：多吃一點！你們遠道而來，一定餓了。用餐中，他感到有些疲倦，抱歉地說，要到沙發上休息一會兒。片刻，他又慢慢地回到餐桌，堅持到用餐結束。還像以前一樣，他又吃力地為我們燒好一杯杯香甜可口的咖啡。至此，午餐才算圓滿。此情此景，我們看在眼裡，記在心中，感動得難以用語言表述。幾十年的友情，一下湧上心來，久久不能平靜。

告別時，我們不敢直視對方的眼睛，側著身子擁抱，行貼面禮，沒有說更多的話，把千言萬語壓在了心中。只說了一句：保重！希望不久再見！

沒想到，這是我們和有近四十年友誼的老朋友最後的聚餐。

訪莫澤爾墓地

二〇一四年夏，當我們再次赴瑞士探親時，莫

澤爾先生已辭世三年了。我們決定去看望他的遺孀羅絲瑪麗。她還是住在山區的那座老房子裡，孤單一人。我們到達火車站，下車後看到一位憔悴的老人，彎著腰、牽著狗站在月台上等我們。我們彼此問候、擁抱，親切中帶著悲傷。她先問我們，是否去「看看」愛爾文？我們立即作出肯定的回答。我提出先到花店買束鮮花，獻給愛爾文。她說，只要一枝玫瑰就可以了。我還以為她怕我們花錢多，所以只買一枝。一枝玫瑰太單薄了，不足以表達對老朋友的敬意和懷念之情。但她執意要我們這麼做。

墓地就在村子小教堂的後院。首先映入眼簾的是一小片由鮮花簇擁著墓碑的墓地，這是瑞士城鄉最常見的典型場景。但愛爾文・莫澤爾卻不在其中。距此不遠，是一大片修剪整齊、生機盎然的草地。另有一片與石子鋪成的小路相隔的綠地，有一條孔狀花紋的金屬帶支撐在草地上方。羅絲瑪麗在墓地入口處的水龍頭下接了一杯水，讓我把那枝玫瑰插入水杯，安放在金屬架上的一個小孔中。這時，我才注意到，在小孔的下邊掛著一個手掌大的金屬片，上面刻著德文：「愛爾文・莫澤爾 1928-2011。」沒有墓碑，沒有墳塋，這就是他永恆安息之地。

羅絲瑪麗告訴我們，這是一片公共墓地，下面埋葬著當地逝者的遺骨。我們按中國的習俗，向逝者三鞠躬。頃刻間，我已淚流滿面。莫澤爾一生設計出無數的住宅、學校、軍營、養老院、大型超市

等建築，而在他辭世之後，卻如此簡單安葬，簡單得出乎我們的想像。再仔細一想，這不正代表他一生追求的保護自然、愛護環境的目標嗎！他生前是我們也是中國人民的朋友，身後也為我們樹立了榜樣。

安息吧！我們可親、可敬的老朋友！我們永遠懷念你！你永遠活在我們的心中！

我與瑞中協會第五任主席
托馬斯・瓦格納博士的友誼

初識瓦格納

一九八二年春，媒體報導，蘇黎世選出一位三十幾歲、擁有雙博士學位的年輕市長——托馬斯・瓦格納（Dr. Thomas Wagner）。人們紛紛議論，這位年輕人真不簡單，因為蘇黎世是瑞士第一大城市，也是世界金融和工商重鎮，市民選他為市長，可見他的才華與能力。

這年五月，瓦格納剛上任不久，就迎來友好城市中國昆明市市長朱奎率團來訪。我被李雲川大使派去參加代表團的參訪活動並擔任翻譯，初次認識了這位年輕的市長。瓦格納市長為代表團在該市的國賓館（Muraltengut）舉行盛大的歡迎宴會，他用德文字母拼成中文發音的文稿，作為開場白，一字一字念出：「尊敬的朱市長，尊敬的女士們，先生們……」剛一停頓，便引起在座客人的熱烈掌聲，

令代表團成員大為感動。友好氣氛籠罩了整個大廳。

在接下來代表團訪問的幾天裡，瓦格納市長安排的接待規格很高，內容豐富。他親自主持在市政府舉行的新聞發布會，和朱奎市長共植友誼樹，陪同代表團徒步遊覽市容，乘坐公交電車，參觀市供水局等市政設施。他還陪同代表團禮節性拜會了蘇黎世市議會，派陪同人員赴伯爾尼會見瑞士聯邦政府領導人，這是很高的禮賓規格。還有一項特別的日程，就是讓代表團乘瑞士軍方的直升機飛上藍天，從空中鳥瞰青山綠水簇擁著的美麗的蘇黎世城。

瓦格納市長與朱奎市長進行了富有成效的會談，奠定了兩市今後合作的基礎。昆明—蘇黎世友城關係延續至今，獲得令世人矚目的成就，被稱為友城關係的「典範」，「獨一無二」。

通過這次陪代表團活動，我結識了瓦格納市長。我們的友誼和交往延續至今幾十年，成為難得的相互信賴的好朋友。

邀請巴金先生實現圓夢之旅

一九八一年九月三十日至十月七日，中國文聯主席、著名作家巴金先生應瓦格納市長的邀請訪問了瑞士。這事有些突然，因為是臨時安排。

聯繫經過是這樣的：一天，蘇黎世市長文化秘書柏勞赫（Baerlocher）致函中國大使館稱，中國著

名作家巴金先生正在巴黎出席國際筆會大會，瓦格納市長擬邀請他來蘇黎世訪問幾天，請大使館協助聯繫。使館緊急請示國內有關部門，並緊鑼密鼓地同國內、巴黎、蘇黎世政府溝通和磋商。經多方協調，巴老在他女兒的陪同下順利成行。

李雲川大使派我陪同照顧巴老並擔任翻譯。我有了第二次與瓦格納市長會面與交往的機會。瓦格納市長親切會見了巴老，誠懇表示對巴老的敬意，希望巴老在瑞士訪問成功，過得愉快。巴老的訪問日程包括：在市政府的公開報告會，與瑞士漢學家、蘇黎世大學中文系教授、學者以及文化界知名人士的會見和交流，電台採訪，遊覽瑞士中部著名的旅遊勝地皮拉圖斯山，等等。

訪問非常成功，也非常順利，巴老十分滿意。他說，沒有想到能在耄耋之年有機會訪問他青年時代就嚮往的美麗國家──瑞士，這是他有生之年的圓夢之旅。

巴老的訪問也彰顯出瓦格納市長對中瑞文化交流、人員往來的重視和支持。我也有機會再次認識了瓦格納。

市長的家宴

一九八二年底，我和慶忠在瑞士任職十年之後，奉調回國。離任前，十月二十九日，瓦格納向我們發出書面邀請，他要設家宴為我們餞行。信中還附著一張蘇黎世地圖和他家的地址。

我們如約前往。他的住處是離蘇黎世市中心不遠的胡騰街（Huttenstrasse）六十六號，是座三層的普通居民樓。他家在一層，三室兩廳，面積不大，家具簡樸。客廳中，書架占了整整一面牆。廳中間安放著一架鋼琴，客廳與餐廳相通，一張大尺寸的木質餐桌幾乎占滿了餐廳的整個空間。兩廳之間半隔斷牆的上方掛著他們可愛的孩子的畫像。這便是市長舒適、溫馨的家。

　　晚餐除市長夫婦外，陪我們就餐的是市政府辦公廳負責文化事務的官員柏勞赫先生（N. Baerlocher）。這次晚餐，最令我難忘的不僅是豐盛可口的菜餚，還有一個細節，就是瓦格納市長既當主人，又當「招待員」。他一手抱著不滿一歲的小女兒伊薩貝拉（Isabelle），另一隻手不斷地為我們端盤倒酒，走來走去，忙得不亦樂乎。這個場景令人感動，它永遠定格在我的腦海中，終生難忘。

　　這次家宴，沒有外交辭令和客套寒暄，而是推心置腹的交談。氣氛自始至終輕鬆、愉快。晚宴結束，賓主共同說的一句話是：祝友誼長存，希望以後再見！

　　當時，雙方使用的這句告別詞，只是表達一種願望，誰都不會想像一定能實現。

重返瑞士

　　一九八八年，我國在蘇黎世開設總領事館，我和慶忠作為領事被派前往開展工作。當時瓦格納已

再次被選為市長。他給予我們大力支持和幫助，使
總領館得以順利籌建和開館。

　　我作為領事，負責文化教育方面的工作，同市
政府有關部門很快建立了聯繫，合作非常愉快，很
快結交了許多文化教育界朋友，和其他各界人士的
關係也非常友好。這一切，都離不開瓦格納市長的
支持和協助。還有，每逢蘇黎世的重大活動、節
日、外交聚會以及和中國有關的來往活動，我都能
見到瓦格納市長。我們成為非常熟悉的老朋友。

　　那時，蘇黎世和昆明友城關係已有多年密切來
往，合作富有成效。蘇黎世市和瑞士聯邦對昆明市
的城市規劃、水廠擴建以及其他環保項目給予大量
資金和技術支持。作為回禮，昆明市提出在蘇黎世
建造一座「中國園」。由於城市用地限制，場地很
難落實。經各方長時間溝通協調，其中離不開瓦格
納市長的努力，一九九四年，「中國園」終於建
成，對公眾開放。它像一顆璀璨的明珠，坐落在市
區美麗的蘇黎世湖畔，紅牆黃瓦，中式大門，十分
引人注目，是市民休閒的好去處，也成為中瑞友好
關係的一張亮麗的名片。

出席畫展開幕式
　　一九八九年三月，我國著名畫家朱軍山先生在
蘇黎世舉辦個人畫展，我作為該畫展的贊助人——
總領館的代表出席開幕式並致詞。瓦格納市長也應
邀作為嘉賓出席並發表了熱情洋溢的講話，為畫展

一九八九年三月三十
一日，瓦格納市長
（左2）出席朱軍山畫
展開幕式，許穎之
（左1）、王慶忠（右
1）夫婦陪同。

增色不少。

　　一九九一年一月，北京市政府組織五位小朋友
畫家到蘇黎世舉行兒童畫展。我應邀出席開幕式並
致詞。瓦格納市長夫婦帶著四個孩子，舉家來參觀
畫展。孩子們很喜歡中國小朋友的作品，觀看他們
當場作畫，一張張可愛的小貓、小狗、小猴子，都
吸引著他們的眼球。一位小畫家把一張自己畫的小
猴子送給了瓦格納的長子 Florian，令他非常歡喜和
激動，因為猴子是他的最愛。通過這次活動，我再
次感受到瓦格納全家對中國文化的友好情結。

一件旗袍

　　一九八九年五月，瓦格納和夫人丹妮絲
（Denise）決定，帶四個孩子和岳父母應邀訪問昆
明，全家都十分高興。丹妮絲著手準備這次盼望已
久的中國之行，考慮到昆明後的著裝問題。有一

天，她對我說，她喜歡中國旗袍，因為曾在市政府見到一位身材修長的女職員穿著一件寶藍色的織錦緞旗袍，非常漂亮，令人羨慕。她問何處可以買到，我告訴她：那位女士是市政府的工作人員，是我的朋友，那件旗袍是我所做，送給她的，我可以再做一件送你。

此事得到總領事夫人的支持，於是我們共同努力，做了一件粉色的織錦緞旗袍送給丹妮絲。丹妮絲非常感謝。其實，我並不精女工，只是小時候在農村從母親那裡學了一點基本的針線活，有時也為自己和家人做點衣服。

丹妮絲在家試穿了這件旗袍，正合適，贏得在旁的小女兒瓦萊莉（Valerie）拍手稱讚，她笑著大聲叫道：媽媽真漂亮！

不久，我們收到他們發自昆明的一張明信片，四個孩子都簽名寫道：「這裡空氣新鮮，陽光明媚，我們正歡度美好的假期！都問候你！」在明信片的邊上，瓦格納還補寫了一句：「所有人都對你製作的旗袍大加讚賞！」

餃子宴，我的家宴

二〇一四年夏，我們去瑞士探親休假。八月下旬即將回國前，我和女兒商量，請瓦格納夫婦來家做客。女兒也正有此意。

多年來，女兒與瓦格納接觸很多。她還在讀大學時，就經常陪同瓦格納接待中國代表團和友人，

擔任翻譯。幾十年來，他們成了好朋友。在瑞中協會裡，瓦格納是主席，女兒成了他的助手——副主席，合作非常愉快。女婿馬丁也加入了瓦格納的朋友圈。馬丁是電腦專家，瓦格納的電腦出了毛病，馬丁便會隨叫隨到，也成了瓦格納的好幫手。套用中國北方民間的一句話：兩家都不是外人。

辦家宴，做什麼菜招待？我一時拿不定主意。女兒說，瓦格納訪華無數次，到處都受到高規格的接待，大小宴會、南北佳餚，什麼菜沒吃過？！因此，不如親自包水餃，這可是中國北方逢年過節餐桌上的主角。於是，我們制定了一個菜譜：頭道菜是素什錦，食材是香菇、木耳和腐竹。主食為豬肉白菜餡的水餃。飯後甜食是女兒做的水果排甜餅。馬丁拿出上好的西班牙干紅和幾瓶礦泉水。

一九九六年，許穎之（右2）攜女兒王維（左1）、女婿馬丁‧格呂貝爾（左2）做客瓦格納市長家。右3為市長夫人丹妮絲，左3為市長女兒珊塔爾。

一切安排就緒，瓦格納夫婦自己駕車如約而至。丹妮絲著裝淡雅，手捧鮮花，瓦格納也著便裝，沒打領帶。他們雙雙喜盈盈地進入大門，受到我們全家的熱烈歡迎，問候、擁抱、行貼面禮，沒有任何外交禮節。

　　席間，客人們對每道菜都大加讚揚，特別對「手工」製作的水餃好評有加。大家無拘無束地交談，氣氛十分輕鬆、親切、愉快。「酒逢知己千杯少」，馬丁的葡萄酒助興不少。

　　當談及幾十年的友誼時，我們高興地看到這種家庭之間的友誼傳到了下一代人。瓦格納的小女兒瓦萊莉在瑞士外交部工作，她經常參與安排接待中國代表團的訪瑞工作，常常與我女兒有合作的機會。她們也建立起互相信任、互相協助的友好關係。

　　在中瑞兩國之間，有友好城市、友好學校、友好山峰，是否可以讓我們的「友好家庭」關係也加入這一行列呢？

我與情系中國的「國際雷鋒」 舒愛文大使的故事

　　我初識舒愛文（Erwin Schurtenberger）大使是在上世紀七〇年代初。記得一九七二年我首次到駐瑞士大使館工作後，接待的第一個代表團是中國衛生部以李冰為團長的訪瑞代表團。當時，中瑞雙方

都很重視該團訪瑞。瑞士外交部（當時叫政治部）派舒愛文陪同代表團訪問，我則被大使安排負責全程陪同代表團活動。就這樣，我們首次相見並共同合作接待一個中國代表團。記得他送給我的名片上寫的職務是：瑞士駐捷克斯洛伐克大使館二秘。因為他剛回國，尚未印新名片。令我和代表團成員驚訝的是，他會講中文，雖不十分流利，但能彼此理解。而我當時的德文水平，可能還不如他的中文水平好。遇到一位會中文的人共事，我感到很親切。舒愛文告訴大家，他是跟隨「北京之聲」（Radio Peking）廣播每日最後三分鐘的教中文節目學習的中文。他的勇氣和毅力受到同行的全體中國人的讚許。

代表團入住蘇黎世利瑪河畔的皇冠酒店。舒愛文把我和代表團安排在最好的房間，他自己卻住在酒店閣樓的一間小屋子裡。我上樓找他商量事情，發現他正坐在窗前的地板上，準備代表團第二天的活動日程。他嚴於律己、助人為樂的品格使我肅然起敬。這是他給我的第一印象。

代表團在瑞士到處受到友好接待，訪問非常順利。我和舒愛文作為陪同，自然也很高興。代表團訪問結束時，他在送別的火車上用中文發表告別詞，大意是：很高興陪同大家訪問瑞士，最後一句是「祝大家一路順風回到北京來」。說完，他很謙虛地徵求大家的意見，意思是有什麼不妥或錯誤，希望大家糾正。大家為他的誠懇態度、認真好學的

精神所感動，同時指出中文的「來」和「去」的區別──應該說「回到北京去」。聽完，他連說：「對！對！謝謝！」

在以後的幾十年中，我兩次在瑞士工作，共十五年。而舒愛文在駐華使館工作前前後後也有十幾年，他從普通外交官升到大使。其間，我們總能見面，或在瑞士，或在北京。我在外交部西歐司工作期間，曾多次接受舒大使邀請，出席使館舉行的招待會、宴會、吹風會等活動。八九十年代，正是中瑞兩國關係全面發展的時期，舒大使對此作出了巨大貢獻。那時瑞士的一項民意調查中，他被評為當時瑞士最受歡迎、最有成就的兩位駐外大使之一。

我還記得，一九九二年一月，我國國家領導人訪問瑞士時，有一次在禮賓安排上出現一個小誤會。雙方的禮賓官正在為此犯難時，舒愛文大使和夫人舒幽蘭立即出面溝通協調，問題很快得到解決，使訪問活動得以順利進行。

還有一件九〇年代在北京發生的事給我留下了深刻的印象。那是瑞士溫特圖保險公司為在北京開設辦事處舉行的盛大招待會，數百客人出席。會議開始後，由於主賓發言者較多，加上譯員聲音較小，人們聽不清講話內容，會場出現了交頭接耳的混亂場面。這時，司儀宣布請舒愛文大使講話。突然，大家聽到清晰的中文聲音：「女士們，先生們，大家好！」會場立即安靜下來。接著，舒愛文大使繼續用中文致辭。當他結束講話說了聲「謝

謝」後，會場立刻爆發出熱烈的掌聲，持續數分鐘之久。此事讓在場的中外客人見證了這位瑞士大使的個人才能和魅力。

一九九五年，舒愛文大使在中國任職期滿，但他沒有完全離開中國。在中國改革開放吸引外資、建立合資企業的大潮中，他儘力發揮自己的作用。一次，他請我和慶忠在北京港澳中心聚餐時告訴我們，通過他的穿針引線，已在青島建立了包括雀巢在內的五家中瑞合資企業，還在昆明建了一家現代化的中瑞合資香料廠。一九九九年，我們參加昆明世界園博會期間，又看到了舒愛文大使的身影。他盛情邀請我們這些出席瑞士館日活動的中外來賓到香料廠參觀。該廠在昆明附近，早已順利投產，運行良好。廠方員工向我們介紹，舒愛文是董事長，每次來廠都堅持住工廠的職工宿舍，而不去住五星級酒店。他說，可以拿省下來的錢做些公益事業，幫助那些需要幫助的人。

參觀完工廠後，他代表公司送給每位來訪者一份禮物，那是雲南麗江著名書法家和志剛先生的作品。這位書法家是失去雙臂的殘疾人，他以堅強的毅力，口銜毛筆練就了書法真功夫，成為麗江文化名人、口書書法家。舒愛文大使大量購入他的作品，並作為禮物贈送客人，顯示了他對中國文化特別是書法的酷愛，同時也彰顯出他對弱勢人群的尊重與愛心。

還在舒愛文擔任大使期間，使館中國工作人員

向我們說，大使經常為收入較低的工作人員子女資
助學費。還有一個故事：有一年，他回國休假，回
京時正值他的生日，大家買了一個雷鋒石膏像放在
他的辦公桌上。他看到後非常高興，沉默一會兒，
然後對著雷鋒像自言自語地說：雷鋒！現在多麼需
要你呀！

離職後，舒愛文長期在中瑞兩國之間往返穿
梭，為瑞士在華企業提供諮詢，並擔任多個跨國公
司及慈善組織的獨立顧問，尤其對中國的教育事業
傾注了大量的心血和滿腔的熱情。

據媒體報導，二〇一二年，舒愛文以七十二歲
高齡走訪河南省的貧困山區，向山區的古城小學捐
款二百萬元，用於修建校舍。當地人稱，這是河南
省的「第一捐」。其實，自一九九八年開始，他就募
集善款，在青海、西藏、湖南等地貧困地區新建、
擴建和改建學校七十二所。僅為青海一省即募款一
千六百五十七萬元，使五千零五十名學生受益。此
外，他還為該省偏遠地區的幼兒園購置車輛，讓兒
童們有了受啟蒙教育的機會。他為當地教育事業作
出了貢獻，受到當地政府和人民的敬仰，被授予
「青海省榮譽公民」稱號。

鑑於舒愛文對中國教育事業作出的突出貢獻，
他被人們稱作「國際雷鋒」。我認為，對於這一稱
號，他是當之無愧的。

友好的交往，難忘的情誼

王慶忠

（瑞中協會榮譽會員，中國前駐瑞士大使館政務參贊）

從一九七二到一九九二年，我曾兩次赴瑞士，並分別在駐瑞士大使館和駐蘇黎世總領館工作，合計長達十五年。在此期間，與瑞士各界人士有過許多不同程度的接觸和交往，與他們的友誼給我留下了深刻的印象，令我終生難忘。

和瑞士三任聯邦主席接觸的故事

瑞士聯邦委員會，即瑞士最高政府機關，由七名聯邦委員組成，分管七個部。聯邦主席由這七名聯邦委員輪流擔任，任期一年。

維利・里恰德（Willi Ritschard，一九七八年任聯邦主席）

里恰德先生一九七三年底當選聯邦委員，至一九七九年一直任交通運輸部長，一九八〇年至一九八三年任財政部長。

上世紀七〇年代，相隔千山萬水的中瑞兩國交通和人員來往極為不便，瑞士人對中國知之甚少。當時，在瑞士流傳這樣一則笑話：有人想訪問中

國，向旅行社打聽如何去北京，旅行社的答覆是：
要去北京，得先到巴黎，然後飛倫敦，從倫敦跨越
大西洋到紐約，再經洛杉磯飛東京，從東京飛上
海，最後由上海轉北京！由此可見，那時人們對兩
國之間的交通之不便是如何想像的。

　　里恰德先生一九七四年就任交通運輸部長後，
積極安排和中國的通航事宜。為此，他多次同中國
大使接觸和會談。里恰德先生來自德語區，講德
語，我常充當德語翻譯陪大使與其交往，因此經常
有機會在不同外交場合同他接觸。還記得，一九七
四年初，在某次外交活動中我們相遇，互相問候
後，他就直接同我用「你」的稱謂交談，而不是用
「您」。這令我感到非常意外。因為他是聯邦委
員，而我只是一名普通的外交官。「你」這一稱
謂，意味著我們之間已由簡單的工作關係更進一步
成了朋友。此後，凡是在非外交場合，我們見面隨
意交談，都以「你」互稱，倍感親切。

　　有一次，里恰德先生問我：「在伯爾尼生活習慣
嗎？」我說：「很習慣，飲食、氣候都沒問題，就是
當地伯爾尼德語方言聽不大懂。」他笑道：「是的，
是的。不光你聽不懂，就連一些德國人也聽不懂。」

　　里恰德就任聯邦委員後，積極安排將早先兩國
簽訂的《中瑞民用航空運輸協定》付諸實施。協定
於一九七五年二月三日正式生效，同年四月七日，
瑞士航空公司班機首飛北京。

　　為慶祝瑞中通航，並應邀對我國進行友好訪

一九七七年，李雲川
大使（右2）與瑞士聯
邦委員里恰德就中國
民航飛蘇黎世事舉行
會談。（右1為王慶
忠）

問，里恰德聯邦委員親率有瑞士高級官員和瑞航總經理參加的十八人代表團乘瑞航首航班機訪華。使館陳大使到蘇黎世機場送行。四月七日，航班準時飛抵北京，代表團受到熱烈歡迎和友好接待。在華期間，華國鋒副總理接見了里恰德聯邦委員。幾天後，里恰德一行懷著愉快的心情乘瑞航班機飛回蘇黎世。

飛機在蘇黎世機場降落的時間是早晨六點鐘。陳大使決定親自去機場迎接。於是，我們凌晨四點起床，驅車一百二十多公里從伯爾尼趕到蘇黎世機場。天還未亮，我們站在停機坪上等候。不久，飛機徐徐降落在跑道上，慢慢滑向停機坪。機艙門一打開，里恰德先生第一個走出，他一眼便看到我們。下機後，他熱情地向我們打招呼，握手說：

「這麼早，你們來接我，非常感謝！」隨後，我們陪同他邊談邊走向機場出口。當時，天已大亮，我們環顧四周，除我們兩人外，竟沒有其他人來接他。於是，我們便小聲問他瑞方是否有人接他，他告訴我們已約好了他的司機在機場出口等他。我們聽後，感到十分驚訝。他注意到我們的表情後補充道：「當然嘍，還有我家人在家裡等著我呢！」

當時，由於種種原因，中國民航尚未開闢由北京飛往蘇黎世的航線。一九七六年下半年，李雲川大使上任後，便與里恰德聯邦委員聯繫商談中國民航飛蘇黎世的問題。一九七七年，雙方各自率本國代表團在伯爾尼舉行正式會談。我作為李大使的德語翻譯參加了會談。大廳中的氣氛熱烈友好，大家剛剛落座，會談尚未開始，里恰德先生顯得非常高興、激動和驕傲，他迫不及待地從他的皮包中拿出文件夾，大家以為是用於會談的文件。但打開一看，卻是一張他訪華期間同華國鋒會見的照片。他向李大使和大家展示這張照片後表示，他對這次訪華非常滿意。他還說：「中國是大國，瑞士是小國。中國主張國與國交往，無論國之大小一律平等，中國尊重瑞士的中立，認為中瑞兩國沒有根本的利害衝突，願發展兩國的友好關係。這也是我們瑞士所希望的。」會談順利進行，很快達成協議。一九七八年五月四日，中國民航首架航班成功降落在蘇黎世機場，受到瑞士各界人士的熱烈歡迎，從而開啟了中瑞兩國互相直航的新紀元。

中瑞雙方共同架設的這座溝通兩國的空中橋樑，在當時中國尚未實行改革開放的七〇年代，是件大事。它大大拉近了兩國的距離，方便了雙方的經貿交流和人員來往，增進了兩國人民的相互了解，使兩國友好合作關係又進入了一個新的階段。

里恰德先生出身水暖工，住在伯爾尼附近的索洛桐市（Solothurn）。周圍的人們都只把他看作一位普通居民、一位好鄰居。據當地人講，郵差每次去他家送郵件，都直呼他的小名：「維利！有你的郵件。」

里恰德先生從家到伯爾尼上下班都是乘坐近郊火車。有一次，在火車的二等車廂中，某國大使館的二等秘書看見了他，便故意打趣地問他：「里恰德先生，你是聯邦主席，為何坐二等座位？」里恰德笑著回答：「很簡單，因為這列火車上沒有三等座位！」

瑞士聯邦鐵路公司曾在一列城際列車車廂的窗戶上方掛上了他的名言：「猴子在樹上爬得越高，人們越能清楚地看到它的屁股！」乘客看到，往往開心一樂，獲得好心情，頓時舒解了旅途中的勞累。

讓一帕斯卡爾・德拉米拉（Jean-Pascal Delamuraz，一九八九年和一九九六年兩任聯邦主席）

上世紀八〇年代，中國實行改革開放，瑞士經濟界人士都想來中國看看，尋求對華出口和經貿合作的可能性。為此，德拉米拉以州政委員的身分，

率政府要員和經濟界人士於一九八三年七月四日至十八日來華訪問和考察。我全程陪同代表團訪問了北京、南京、無錫、上海、杭州和廣州，參觀了各城市市容、工廠企業、農村，同當地地方官員進行了會談，在上海還觀看了越劇《碧玉簪》。因我曾在瑞士工作過，和德拉米拉有許多共同語言，旅途中相談甚歡。代表團在廣州出境前，他表示：兩週的訪問收穫很大，中國正努力實現現代化，是個巨大的市場。因此，瑞中發展經貿和科技交流的前景良好。我問他，我們的接待工作有何不足之處？他說：「都好，就是那天晚上看越劇演出，一點都聽不懂，也看不明白，一頭霧水！」看來，對於具有不同文化背景的國家和人民，要做到相互理解，還需要彼此更多地接觸與交流。

德拉米拉回國後，當年十二月被選為聯邦委員，同時就任軍事部長至一九八六年，並於一九八七年至一九九八年任經濟部長。

一九九一年，我再次被派到伯爾尼中國大使館工作。一九九二年，在伯爾尼五星級的「美景酒店」（Bellevue）舉行了一次駐伯爾尼外交使團的午餐會。就在我和其他國家的幾位外交官圍坐在大廳中間的一張餐桌旁交談時，被告知聯邦委員德拉米拉會來參加活動並發表講話。大家都很高興。片刻之後，德拉米拉從容步入大廳，邊走邊向大家揮手。此時，我看著他，他也在人群中看見並認出了我，我們四目相對，並點頭微笑，我稍微舉起右手

一九九六年十月，中國國家主席江澤民在北京舉行儀式歡迎瑞士聯邦主席德拉米拉訪華。這是中瑞建交以來瑞士聯邦主席首次訪華。

向他致意。他走到前面主席台位置入座，幾分鐘後，便站起來用法語發表演講。我不懂法語，根本沒有聽懂他講了些什麼。一刻鐘後，令我驚喜的一幕出現了。只見他停頓了一下，轉而大聲用德語說：「女士們！先生們！對不起，現在我要用德語講幾句，因為今天有我的一位老朋友王先生在場，他只懂德語……」此話一出，引起在場的外交官們一陣小小的騷動。大家都朝我投以羨慕的目光和微笑。

這次意外的見面，是老朋友相隔八九年後的一次「巧遇」，也是我二十多年外交生涯中絕無僅有的「禮遇」。

阿道夫・奧吉（Adolf Ogi，一九九三年和二〇〇〇年兩任聯邦主席）

奧吉一九八八年當選聯邦委員，任交通能源部長。一九九五年至二〇〇〇年底退休前任軍事部

長。

奧吉任交通能源部長期間，我正在駐蘇黎世總領館工作。一天晚上看電視，在一條新聞報導中看到主管能源事務的聯邦委員奧吉正號召全國居民做飯節省能源。在電視節目中，他親自演示了用電爐煮雞蛋可以省電的方法：把雞蛋洗淨放入鍋中，水剛漫過雞蛋為宜，蓋好鍋蓋，放在電爐上，打開電源，等水煮開後，馬上關上電源，不要掀蓋，在電爐上利用餘熱燜五分鐘，雞蛋就煮熟了。拿到餐桌上，吃起來特別鮮嫩，味道好極了。

他的這種節能方法簡單易行，很有新意，頗受人們特別是家庭主婦的稱道，被稱為「奧吉煮雞蛋法」，廣為流傳。我們總領館的同志照此法煮雞蛋，果然效果不錯。這事給我留下了深刻的印象。

一九九一年，我被調到伯爾尼中國大使館任政務參贊後，在不同外交場合多次同奧吉先生有過接

二○○○年九月十二日，中國國務院總理朱鎔基在北京會見瑞士聯邦委員會主席阿道夫‧奧吉。

二〇〇三年十一月六日，瑞士聯邦前主席奧吉訪問北京二中，王慶忠和夫人許穎之（左1）等陪同。

觸，但只是握手問候，簡單地寒暄而已。有次甚至在宴會的餐桌上我們的座位面對面，也未進行深入的交談。雖如此，也算是「一面之交」的朋友啦。

二〇〇〇年九月中旬，中瑞建交五十週年之際，中國人民對外友好協會舉行盛大的慶祝活動。瑞士聯邦主席奧吉先生也應邀來華出席了這次慶典。中方出席的領導人是時任國務院副總理的溫家寶。我也有幸參加了這次活動。

慶典上，奧吉先生發表了熱情洋溢的講話，稱讚兩國的友好合作。休息期間，同在活動現場的一位老朋友、瑞士因特拉肯中學校長萊辛（Reichen）先生拉著我向奧吉介紹說：「王先生曾在中國駐瑞士大使館工作多年。」於是，奧吉同我握手問候，幾句寒暄後，我就對他說：「我們在伯爾尼見過多次面，算是『老朋友』啦！」接著我便開玩笑地說：「我還學會了節省能源的『奧吉煮雞蛋法』。」

他笑笑說：「您也知道此事？」我回答：「不光我會，我夫人也會，而且還教會了一些親友。他們都說效果不錯。」

奧吉先生和北京二中的同學們有著深厚的友誼。事情是這樣的：瑞士因特拉肯中學校長萊辛先生與奧吉先生在青年時代同服兵役時相識並結成摯友。一九八五年，因特拉肯中學在萊辛校長的主持下，與北京二中結成友好學校，而二中也因此首開北京市中學與國外建立校際關係的先河。此後，萊辛校長和因特拉肯市市政委員馬蒂內利夫婦（Martinelli）在瑞士多次熱情接待北京二中師生們訪問。在萊辛校長特意安排下，奧吉先生會見了這些師生們，還領他們郊遊，欣賞瑞士的美麗風光，由此成為二中的朋友。因此，奧吉先生每次來華訪問，不管多忙，都要抽出時間去看望同學們。應萊辛校長和二中梁新儒校長的邀請，我都前往陪同，與奧吉先生的每一次重逢都令我特別高興。我向二中的同學們說：「你們在瑞士受到奧吉聯邦主席接見和陪同郊遊，真是太幸福啦！我真羨慕你們！作為外交官我在瑞士工作多年，從未受到過如此高規格的禮遇！」

我和蘇黎世聯邦理工大學的緣分

一九八八年到一九九一年，我在駐蘇黎世總領館工作。聽當地人們講，七〇年代，蘇黎世居民討

論城市規劃問題，有人主張建地鐵，也有人主張擴建蘇黎世理工大學。預算有限，魚與熊掌不可兼得。於是，舉行全民公投表決，結果多數人贊成擴建蘇黎世理工大學，而不建地鐵。這事給我的印象是：蘇黎世人對自己城市感到自豪的，是擁有世界名校蘇黎世聯邦理工大學，勝過擁有眾多世界級的大銀行。

蘇黎世理工大學是世界名校，與美國麻省理工學院齊名，在校師生二萬多名，來自一百多個國家。有人統計過，這所大學至今共產生了二十一名諾貝爾獎得主，偉大的科學家愛因斯坦就是其中一員。該校因此被稱為「盛產諾貝爾獎得主的大學」。

有位朋友曾向我們介紹過一則愛因斯坦和蘇黎世理工大學的故事：愛因斯坦出生於德國，十六歲來到瑞士報考蘇黎世理工大學，但因考試成績除數學和物理兩門功課及格外，其他幾門功課均不及格

蘇黎世聯邦理工大學
正門

而名落孫山。他只好到蘇黎世附近的阿勞市（Aarau）中學補習了一年，並於次年成功進入蘇黎世理工大學，在師範系攻讀數學和物理。一九〇〇年畢業時，由於學習成績平平，教授不願讓他留校做博士論文。愛因斯坦失業了，後經數年輾轉，他終於在伯爾尼專利局謀得一個三等技術員的職位。這時他已加入瑞士國籍。不久，他的天才思想像火山一樣突然噴發出來，並凝結成為震驚世人的「相對論」。有趣的是，此後，德國人說他是德國人，瑞士人則稱他是在瑞士念的書，並已加入瑞士國籍，應該算是瑞士人。

這則極具傳奇色彩的故事深深地吸引了我，我總想著能親自看看蘇黎世理工大學是一所怎樣的大學。長久以來，它對我而言只是一個可望而不可即的存在，我對它也唯有羨嘆而已，做夢也不會想到和這所著名大學搭上關係。

二十世紀八〇年代，中瑞兩國關係有了較大的發展，我國教育部門及高校同蘇黎世理工大學的交往日益密切，來校就讀的中國留學生和進修學者日益增加，總領館和蘇黎世理工大學的來往也多了。我們經常應邀到學校訪問，同留學生接觸，與校方商談一些具體事宜，做了我們應該做的事情。

一九九〇年三月十二日，在一次同蘇黎世理工大學金屬研究和冶金研究所的接觸中，所長斯派台爾教授（Prof. Dr. Markus O. Speidel）發表講話，讚揚中國學者和留學生勤奮好學，並感謝我們總領館

的幫助。之後，他話鋒一轉，說為了感謝我們在同他們的友好合作中作出的努力，當場授予我一枚銀質獎章和一份由他簽署的榮譽證書。

這一舉措，完全出乎我的意料。我深深地知道，這一榮譽不是屬於我個人的，而是對總領館工作的褒獎，也是對我國有關院校和該所卓有成效的友好合作的認可。

一九九二年從瑞士回國後，我在中國人民外交學會工作。一九九四年秋，學會收到了蘇黎世聯邦理工大學安全政策和衝突分析研究所所長斯皮爾曼教授（Prof. Dr. Kurt R. Spillmann）的一封信，在信裡，教授邀請學會一位學者去該研究所進行為期四個月的學術交流。我很榮幸地成為這一學術交流的人選。

斯皮爾曼教授是瑞士著名的國際問題專家，經常在媒體上發表關於當前國際重大事件的評論，被稱為「熱點專家」。到他的研究所訪問和交流，我很高興。

一九九五年四月中旬，我懷著愉快的心情到達蘇黎世，斯皮爾曼教授親自到機場迎接，然後為我安排了住處和辦公室，並介紹全體研究人員與我相互認識，一切順利。晚上，他和夫人舉行家宴，為我洗塵，非常友好、熱情，令我好像在家裡一樣，沒有一點陌生的感覺。

第二天開始工作。這裡條件非常好，不光電腦等設備齊全，而且資料檔案應有盡有，還可隨時和

同事、所長溝通，探討問題，交換意見。

所內日常工作中，我發現兩點做法很好：一是每天上午十時，有一刻鐘的「咖啡時間」，全所同事聚在一起喝咖啡，所長也參加。大家邊喝咖啡，休息放鬆，邊隨意探討問題，無拘無束，暢所欲言。所內事情，所長往往當面就拍板決定。這種做法，類似定期會議，效率很高。二是所裡的女秘書職業素養高，職責範圍廣，雖包攬了文書、行政、外聯等很多項事務，但忙而不亂，一切打理得井井有條，給大家節省了許多處理事務性工作的時間和精力。

大學樓的頂層是教授餐廳，明亮、舒適、高雅。斯皮爾曼教授和我有時在此用餐。他說，這裡也是諾獎得主們用餐的地方。

工作開始後，我閱讀了所內專家和學者們特別是所長斯皮爾曼教授撰寫的一些文章，積極參加所內的討論會，收穫頗豐。兩個月後，我寫出兩篇論文稿。一篇是關於中瑞兩國友好關係的，另一篇是關於亞太形勢的。大家希望了解亞太問題，於是我在所內作了專題發言，向同事們介紹了我對亞太形勢的分析和看法。過了幾天，所長斯皮爾曼教授叫我向某學院的學員們報告這個題目。報告很順利，得到聽眾的接受和認可。據此，斯皮爾曼教授決定讓我在聯邦理工大學內向學生們和社會人士就這個問題再作一次報告。為此，特意在大學樓大廳中張貼通知，並在《新蘇黎世報》上登出廣告。報告會

定於七月二日在大學的大教室舉行。

　　報告會那天，我拿著講稿走上講台，環顧大廳，看到下面許多聽眾面朝著我，心裡泛起一絲緊張。稍微定了定神後，我發現下面竟有許多熟悉的面孔，其中有蘇黎世市長瓦格納（Wagner）、中國總領事田東亮等朋友，因此心情就放鬆多了。報告和回答提問，總共用了約一個半小時。當我走下講台時，瓦格納市長走上前來，同我握手致意。

　　瓦格納先生是我一九八二年就結識的老朋友。他是瑞士著名的政治活動家，歷任蘇黎世市長、副市長，也曾擔任瑞士外交政策協會主席，後來還是瑞中協會主席。他幾十年如一日，為發展瑞中兩國友好關係和蘇黎世—昆明友城關係作出了巨大貢獻，深受中國朋友敬重。對他的光臨，我深表謝意。

　　報告會後，所長斯皮爾曼教授決定，將報告稿

一九九五年七月二日，王慶忠在蘇黎世理工大學作報告後，瓦格納市長向他表示祝賀。

全文登載在該所出版的專業刊物上，並在網上發表。

　　一九九五年七月下旬，我在研究所的工作即將期滿。所長抽出一個上午，陪我禮節性辭行拜會了蘇黎世聯邦理工大學校長，下午在研究所內為我舉行了告別酒會。

　　接下來，所長夫婦專門花了兩天時間陪我旅遊，乘火車經過瑞士中部的琉森市到達因特拉肯市，欣賞了美景如畫的湖光山色，並登上世界級的旅遊勝地——少女峰觀光。

　　斯皮爾曼所長對我極其友好的接待、無微不至的照顧，使我十分感動。月底，我滿懷著斯皮爾曼教授、所內同事們和理工大學的深情厚誼，含著淚水戀戀不捨地踏上回國的航班。

　　我這次以學者身分在蘇黎世聯邦理工大學進行學術交流的幾個月，學到了很多知識，大大開闊了眼界。更重要的是，和瑞士朋友結成的友誼十分珍貴，終生難忘。

　　不久，中國人民外交學會盛情邀請斯皮爾曼所長和夫人來華，雙方就國際問題進行了交流。我特別高興地陪同他們訪問了北京、濟南、上海等地。就這樣，雙方開始了多方面的友好合作關係。

　　這就是我和世界名校蘇黎世聯邦理工大學的緣分。它是我外交工作生涯中一段非常愉快的經歷，給我留下了特別美好的回憶。

我所認識的瑞士億萬富翁馬丁‧許爾利曼

　　瑞士著名財經雜誌《資產》（Bilanz）一九八九年第十期和一九九〇年第十一期分別刊登長文，介紹瑞士最有錢的百多名富人，其中一位叫馬丁‧許爾利曼（Martin Huerlimann）。他繼承祖業，在蘇黎世擁有一座大啤酒廠和六十多處房地產，身價二至三億瑞士法郎（1 法郎約合 6 元人民幣），是瑞士大名鼎鼎的億萬富翁。

　　我認識這位富翁的過程是這樣的：一九八九年我在駐蘇黎世總領館時，收到當地旅遊部門的一封邀請信，請我們參加有市長和社會名流出席的說明會。我和夫人許穎之在說明會那天準時到達會場，發現主席台上市長瓦格納左邊坐著一位嘉賓，座位簽上寫著「馬丁‧許爾利曼」，但不認識他。之前，我們有位朋友「馬丁‧許爾利曼」是巴塞爾人，曾於一九二五年到中國大陸和香港旅行，拍攝了許多照片。五十年後，即七〇年代中，他又去中國，在老地方又拍攝了照片，前後對比，能看出中國半個世紀的巨大變化，十分難得。他為此舉辦過攝影展，還出了影集，頗受朋友們的稱讚。眼前的這位馬丁‧許爾利曼和我們認識的那位馬丁‧許爾利曼顯然不是一個人。會後，我們懷著好奇的心態，很有禮貌地問他：巴塞爾也有一位叫馬丁‧許爾利曼的先生，你是否認識？他聽後笑笑，爽直地回答：「那是我的叔叔，與我同名同姓。」接著他

自我介紹說，他們家族都很嚮往中國，仰慕中國的古老文化。他祖父也曾在二十世紀初到過北京，坐轎由兩名「苦力」抬著，路上走了好幾天，才到達萬里長城觀光。他的女兒克里絲汀（Christine）畢業於洛桑酒店管理學校，現正在蘇州一家酒店實習。他本人也願去中國看看，希望和我們保持聯繫。

就這樣，我們認識並建立了聯繫。

一九八九年的一天，他邀請我們去他的住所和啤酒廠參觀。對此，我們很感興趣。

他的住所在「斯爾堡」（Sihlberg），位於蘇黎世市區西南的小山丘上，遠遠望去，宛如童話中的城堡，建築藝術和造型非常優美，是蘇黎世著名的建築物和歷史文物。許爾利曼介紹說，這座「堡」是他祖父在一百多年前建造的。現在，子女都不在身邊，家中只他一人住此。不過他不孤單，他把一層提供給幼兒園使用，二層和三層大部房間出租給大學生，還給他們免費提供啤酒和礦泉水。大學生們和他的關係很好，親切地稱他「許老爸」（Papi Hue）。每當他要外出幾天，就在大門上貼個通知，委託某人負責晚上關門，幫他遛狗。他住在二層，有客廳、臥室、衛生間、餐廳和廚房，都不大，但方便實用。參觀臥室和衛生間時我注意到，他用的牙膏、香皂都是超市的廉價處理貨。有趣的是，他燒菜做飯，都倒點啤酒，以提高口感。他說：「有時洗浴，我也加點兒啤酒。」

許爾利曼先生的啤酒廠就在「斯爾堡」附近，占地七公頃，火車可直接開進廠內。每個車間都十分乾淨，自動化程度很高。工廠既生產常規啤酒，也生產無醇啤酒（無酒精）。他說，為提高啤酒質量，他們打了三百多米深的井，汲取優質地下礦泉水，釀造口感更好的啤酒。此礦泉水除釀啤酒外，還作為瓶裝礦泉水出售，取名「Aqui」。此外，他把用不完的礦泉水用管道引到附近的大街上，修建了一座街泉，日夜不停地流淌，供人們自由取用。蘇黎世一家大報紙稱讚道，這是「贈給蘇黎世人的禮物」。

許爾利曼先生腰纏萬貫，但不吝嗇，不是守財奴。他樂於助人，積極參加義捐活動。他的祖父生意鼎盛時期恰逢瑞士經濟蕭條，就曾慷慨援助過貧困的人們。

許爾利曼先生多次表示願意訪華，以了解中國。為此，我們邀請他和夫人到總領館做客，給他們放映介紹中國的電影。隨後，又幫他辦理了去中國旅行的簽證。他在中國從南到北訪問了許多地方，多年的願望終於得以實現。

一九九五年五月，許爾利曼先生七十大壽，他在蘇黎世附近山上一家高雅豪華的酒店裡舉行宴會，邀請三十餘位親朋好友參加。當時，我正在蘇黎世理工大學工作，也在受邀之列。宴會桌上擺放著客人座位卡和菜單，菜單上印有他的肖像，特別註明飲料有「許爾利曼啤酒」和「Aqui」礦泉水。

馬丁・許爾利曼（右）
請王慶忠一家去因特
拉肯郊遊，與其夫人
許穎之和女兒合影。

　　席間，他意味深長地表示，十分珍視和老朋友
多年的友誼，他老了，要從企業領導位置上退下
來，願與老朋友經常見面、聊天，過清閒生活。

　　過了幾年，我們來瑞士探親，有幸再次見到許
爾利曼先生。大家一見如故。他還是那樣熱情友
好，有說有笑，特別親切，不過就是顯得老了一
點：臉上皺紋多了，有些駝背。他表示十分願意邀
請我們到著名的旅遊勝地因特拉肯市度週末。我們
也很願同他一起，重溫多年的友誼。在因特拉肯
市，他帶領我們參觀了當地的露天民俗博物館，觀
賞了《威廉・退爾》名劇，還請我們在豪華的「維
多利亞——少女峰」五星級酒店品嚐了西式大餐和
名酒。

　　這次聚會後，我們再也沒有機會見到他。至
今，我們一直都很懷念這位低調友好的億萬富翁朋
友。

使館建樓記

上世紀七〇年代末，中瑞關係有很大發展，我們使館工作量增加，辦公室和住房十分緊張。經請示國內，決定在使館後院建一座新樓。李雲川大使親自抓此項工作，他讓我負責與伯爾尼市政府交涉有關事宜和各項對外聯繫事務。

我館人員都是外行。建座新樓，談何容易？諸多意想不到的困難和問題，一個個接踵而至。但巧事、趣事、樂事也相繼出現，終於，個個難題得以順利化解。

首先，建樓的圖紙怎麼辦？大家正在想辦法，為難之際，機會來臨。那時，正巧廣州設計院佘俊南院長在我駐西德使館出差後，途經瑞士轉機回國。我們抓住這個機會，請他在我館多住幾天，繪製新樓圖紙。佘院長欣然同意。他仔細觀測場地、環境和周圍建築物，聽取我們的願望，然後便夜以繼日地工作，僅用了一週時間，便將圖紙呈現在我們的面前。大家看了非常滿意。

我高興地拿著圖紙到伯爾尼市政府規劃局交涉。主管官員看後十分驚訝，稱建築風格和周圍環境完美結合，符合瑞士有關規定。他們認為，圖紙非常專業，肯定出自一位建築大師之手。對此，規劃局提不出任何異議，但要求我們找好承建公司，立出標竿，聽取四鄰意見。

我便找了瑞士最大建築公司之一的 L.公司，談

妥，簽了合同。公司便在使館後院選定的工地上立了幾根標竿。標竿標出的高度和範圍同新樓一致。這樣，鄰居都會一目了然。果然，立桿後，陸續有人在院外來來往往觀察。

使館東鄰是位名叫馮‧施泰格爾（von Steger）的老太太，我們大使每年都請她到使館做客。她同我們關係一直很好，建樓對她影響也不大，她開始有點猶豫，但不會反對。但其他鄰居就不同了。幾天後，規劃局的官員告訴我們，大約有二十戶鄰居對建樓表示疑慮，甚至反對。為了做這些鄰居的工作，我和規劃局官員商量，決定聯手說服他們。首先，請他們到使館後院參觀，就地了解規劃和設計，以破除疑慮。其次，規劃局召集他們開會說，瑞士在北京建了一處非常漂亮的大使館，而中國在伯爾尼的這座大使館實在太小了。另一方面，新建的大樓建築風格和環境完全一致，不會影響四鄰視線，也不會破壞風景。馮‧施泰格爾老太太帶頭髮表了贊成的意見。這樣，大家才消除了疑慮，紛紛表示同意。

就這樣，新樓按時破土動工。總承包公司將工程任務分成幾個項目，交給幾個分公司。每個分承包公司依照總承包公司的安排，各自按時施工，按部就班，一點不亂。工地是繁忙的，每天只見一批批工人運出垃圾，運進建材。一切都有條不紊，而且始終塵土不揚，噪音也不大，沒有影響我們工作。我們發現，即使工地上只有一個人工作，他也

能一絲不苟，按時作業，絕不遲到或提前下班。上大梁那天，按照當地習俗，使館為建築工人們舉辦了冷餐招待會，以示感謝，大家都很高興。

又一個問題接著出現了：工程進行了幾個月，即將收尾，按合同規定，要向總承包公司付款，可是國內的匯款未到，怎麼辦？

李大使讓我去找銀行想辦法。我心裡也沒底，於是抱著試試的想法，找到瑞士聯合銀行（UBS）伯爾尼分行經理斯密特先生（Schmidt）商量。他爽快地答應給我們貸款一百萬瑞士法郎，而且不需要抵押。按約定，我們將工程款按時付給了建築公司。一週後，國內匯款到賬，我馬不停蹄地到銀行還貸。斯密特經理非常客氣地對我說：鑑於銀行和中國大使館多年的友好合作關係，這筆貸款就不收利息啦！

在各方配合、共同努力下，大樓順利建成。伯爾尼環保局派人上門來檢查，拿出開工前的圖紙說，按瑞士法律規定，砍伐一棵樹，就得在原地或附近再補種一棵；還要求我們恢復環境，綠化庭院，種植花草。這又是一項工作量很大的任務。

解決綠化庭院問題，我想到了一位朋友塞萊格（Seleger），他是瑞士著名的園藝師，在蘇黎世郊區擁有很大一片濕地花園，種植有各種樹木和花卉。他酷愛杜鵑花，曾訪問我國，專程去江西觀賞杜鵑花。我拜訪他，問他是否對綠化使館庭院有興趣，他表示非常高興，願全力以赴。

一九八一年，李雲川
大使（右2）夫婦與王
慶忠夫婦和瑞士友人
在使館新建樓前合
影。

　　過了幾天，他親自到使館察看地形，丈量面
積，設計布局。不久，他和幾位工人便用卡車拉著
雪松、槐、杉等樹苗，以及玉蘭、杜鵑花、竹子等
花卉運到使館栽培。我館同志紛紛報名參加勞動。
塞萊格先生說：「你們參加勞動，我歡迎，但不准
打亂我的布局。我說在哪兒挖坑，就在那兒挖！不
許移動半步，更不許馬馬虎虎亂挖！」

　　在他親自參與下，經過兩週的勞動，一座漂亮
的花園就建成了。園中是棵高大挺拔的雪松，四周
樹木和花草相間，錯落有致，美不勝收。鄰居和過
路行人讚嘆不絕！市環保局官員看後，二話沒說，
滿意而歸。

　　全館同誌喜氣洋洋，立即把新樓當成辦公和外
事活動的場所。

　　李雲川大使卻深情地對我們說：「由於經費限
制，樓內房間較小，而功能還需要繼續完善，但解
決了使館辦公和對外活動的大問題，至少到本世紀

末都夠用。由於形勢發展很快，下個世紀（21世紀）如何？就很難說了。」

我與警察偶遇的幾個小故事

四十年前，我在駐瑞士使館工作時，經常看到警察在我們使館區巡邏。我想，對警察最好敬而遠之，不要扯上什麼關係，免得弄不好出現誤會，引出不愉快的事情來。可是，久而久之，同他們接觸多了，經過一些事情的處理，這種看法就隨之有所改變。

修樹

我駐伯爾尼大使館前院牆邊有兩棵筆直的大樹，約四五十米高，每年秋天落葉繽紛，但有時颳風掉下枯樹枝，會對過往行人造成安全隱患。一天，我在院中觀看樹上是否有枯樹枝時，正巧巡邏警察經過。我向他們打了個招呼，開玩笑地說道：「樹這麼高，該剪枝修理了，可惜我爬不上去呀！」他們往樹上看了看，表示可以幫我們修剪。我問他們需多少錢，得到的答覆是無須付錢！我說；「當真？那好，非常感謝！」

第二天上午，果然有七八位警察開來大卡車停在使館院外的馬路旁，慢慢支起雲梯。他們上下操作，像理髮師一樣，先拔掉枯樹枝，然後修剪。兩個小時後，一棵長瘋的大樹被修剪得乾淨利落，好看多了。下午又忙活了兩個小時，另一棵樹也修剪

好了。他們忙了一天，個個滿頭大汗。我對他們說：「為表示感謝，今晚請大家在使館吃飯。」此言一出，警察們都很高興。他們表示要先回家沐浴，換西裝，打領帶，準時來使館赴宴！

交警

　　蘇黎世是瑞士第一大城市，常住人口三十多萬，每天早晨有數十萬人從外地來市區上班，交通繁忙，但看不到市中心有交警指揮交通，而車輛行駛有序，不亂、不堵，令人佩服。

　　早先，有一段時間，在市中心交通樞紐處，曾設有女交警指揮交通。她們頭戴遮陽帽，身著深色制服，戴白手套，不停地轉身，揮手臂指揮過往車輛，猶如演員舞蹈，著實好看，成為該市一道靚麗的風景。人們經常把此事當作談資。我們開車路過，也讚嘆不已。不久，人們發現設立女交警指揮交通，不僅不能使交通更暢順，反而加劇了堵車。因為，司機經過崗哨，都把車速放慢，欣賞女交警的形象。

領帶

　　八〇年代初，我總領館和蘇黎世市政府來往很多。有次，我去警察局找局長商談接待我國代表團訪問事宜。一進大門，傳達室人問我：「先生，有何貴幹？找誰？」我沒有直接回答他，而是把局長送我的帶有警局標誌的領帶向他亮了亮。他會意地笑道：「明白！好，好，局長辦公室在二層，我馬上電話告訴秘書接待您。」

這就是領帶的妙用！

兜風

我們總領館位於蘇黎世湖的西岸，離湖很近。有一天下午，我到湖邊散步，注意到湖邊有個警察站，旁邊停著兩艘快艇。我走上前去，只見有位警察正忙著拉快艇繩索，系在岸上的樁上。我上前同他打招呼問候，他也轉身同我交談起來。我開玩笑地說：「你們瑞士沒有大海，卻擁有『海軍』呀！」他笑道：「我們是水上警察，負責蘇黎世湖上船隻和人員的安全。」他接著問我願不願意乘快艇在湖上兜風，我欣然接受了他的邀請。於是，他讓我坐上快艇，開動馬達，在湖上遛了半個小時才回來。

巡警

在蘇黎世見不到交警，但有時能遇到巡警。二〇一四年八月，我們在蘇黎世探親期間，到市中心拍攝風景照片。在警察局前面的停車場上，遇著一位女巡警，正扶著自行車休息。她腰間繫著警棍、手槍、報話機等裝備。我朝她看了看，示意可不可以拍照片？她點了點頭。於是我才朝她按動相機的快門。我問她：「帶著這些裝備，為何不騎摩托車，而騎自行車？」她看我並無惡意，便解釋道：要走大街小巷，上下坡度大，又不能產生噪音，自行車方便。她們也有摩托車，是在公路上和緊急情況時才使用。當我問及市內刑事案件時，巡警告訴我們：此類案件並不多發，但晚上青年人聚集喝酒

吵架滋事時有發生，需要處理。接著，又有三位男
巡警騎自行車巡邏回來，加入我們的聊天，如同見
過面的朋友一般。一刻鐘後，才各自散去。

調解

　　有一次，我去蘇黎世機場接國內來客，提前一
小時到達候機廳。在大廳中偶遇一位華僑朋友，他
也去接人。因等待時間長，他請我到旁邊的咖啡廳
喝咖啡。不知為了何事，這位華僑和售咖啡的工作
人員談不通，差點吵起來。這時，只見華僑拿出手
機給警察打了電話。幾分鐘後，果然來了一位警
察，他詢問發生了什麼事。兩人各自說了原委。警
察聽後便向他們說了幾句，問題就解決了。我很奇
怪，問該警察是怎麼回事，他笑道：「語言不通，產
生了誤會，已經解決，沒事了。」說完，他就走了。

　　當時我想，這種小事，警察也管？！

　　我真正明白了：「有事，找警察！」

昆明和蘇黎世友城關係
是怎樣建立的

許穎之

（瑞中協會榮譽會員，中國前駐蘇黎世總領館領事、
前駐瑞士大使館文化秘書）

　　昆明和蘇黎世友城關係，自一九八二年建立以來，三十多年的友好交往和合作，取得了令人矚目的豐碩成果，被稱為友城關係的「典範」，「獨一無二」，是中瑞兩國關係中的一大亮點。

　　許多人好奇地問道：蘇黎世是世界名城，經濟十分發達，又是國際金融中心之一，而昆明則是中國西南邊陲的省會城市，經濟和社會發展水平與蘇黎世相比有很大差距。這兩個城市距離遙遠，並不怎麼「門當戶對」，它們是如何走到一起的呢？

　　我曾於一九七二年至一九八二年在中國駐瑞士大使館文化處工作十年，有幸見證並參與了這一友好城市關係建立的過程。它給我留下了難以忘懷的美好回憶，也是我深感自豪的一件大事。

大背景

　　上世紀五六十年代，中瑞兩國相隔萬里，互相

交往和了解不多。很多瑞士人只知道中國是東方的一個文明古國，很遙遠，很神祕。而許多中國老百姓則認為，瑞士是歐洲的中立小國，好像家家戶戶都生產手錶。到了七○年代中後期，中國逐漸擺脫動盪年代的陰影，開始迎接改革開放的新時代，於是兩國交往增加，關係慢慢升溫。

首先是一九七四年，瑞士在北京舉辦工業技術展覽會，瑞士聯邦委員兼外交部長格拉貝爾（Graber）來華訪問並出席該展開幕式。他是中瑞一九五○年建交以來首位來華訪問的聯邦委員，受到鄧小平副總理的親切會見。一九七八年，谷牧副總理率團去西方「取經」，首站是瑞士，受到聯邦委員兼外長奧貝爾的歡迎和會見。

中共十一屆三中全會剛剛落下帷幕，一九七九年四月，瑞士工商界和一些社會知名人士便聞風而動，發起在蘇黎世舉辦「中國是瑞士的貿易夥伴」論壇，得到李雲川大使的積極支持和贊助。與會各界人士數百名，包括瑞士工商和金融界人士、瑞士外交部高級官員，以及前聯邦委員塞里奧（Celio）、著名漢學家麥因貝格（Prof. N. Meienberger）教授、著名記者庫克斯（Kux）等社會名流。李雲川大使也率使館多名外交官出席。經過兩天的專題報告和熱烈討論，大家一致把發展經貿和友好關係的目標投向中國。

接著，一九八○年瑞士迅達電梯公司率先在中國成立中瑞合資公司，成為中國改革開放後第一個

與外國合資的工業項目。同年十月，大型「中國珍寶展」在蘇黎世展出，參觀的人群排起長長的隊伍，盛況空前，轟動全國，一時間成為人們談論的話題。「China」（中國）幾乎成了瑞士媒體爭相報導的主題。通過這些密切交流，雙方感到彼此不再那麼陌生和遙遠了。

來自昆明的友好使者

在這期間，中國有兩個「友好使者」先後到瑞士訪問。正是他們的到訪，直接催生了昆明和蘇黎世結成友好城市關係。

一九八〇年五月，中國人民對外友好協會派出以中共中央委員、雲南省委第一書記、雲南省省長安平生為團長的友好人士代表團，受瑞士「對華友好協會」（Vereinigung der Freundschaft mit China）邀請，到瑞士進行友好訪問。我受李雲川大使的委託，陪同該團訪問並擔任翻譯。該團在蘇黎世受到魏德邁爾市長（Dr. Widmer）的親切會見，其中有一些談話內容十分精彩，我至今記憶猶新。安平生團長在向魏德邁爾市長談到他對蘇黎世的印象時說，他乘坐主人提供的小型飛機從空中鳥瞰蘇黎世時，驚奇地發現，這座由湖光山色簇擁的美麗城市，與其家鄉昆明有著驚人的相似。這句話引起魏德邁爾市長的極大興趣。安團長繼而詳加對比：你們有美麗的蘇黎世湖，我們有七百里滇池；這裡有

蘇黎世山，那邊昆明有西山；這裡有牛群，人們吃奶酪，我們那裡也有牛群，雲南人也吃乳製品乳蕾。另外，雲南是中國二十多個少數民族的家園，大家和睦相處，謀求共同發展。由此可見，我們雙方的家鄉，何其相似！他的這番樸實的觀感，沒有客套，也沒有外交辭令，而是像遠方來的親戚拉家常一樣，使人倍感親切。正是安團長的這番介紹，引發了魏德邁爾市長去中國、去昆明探訪一下與蘇黎世如此相似的城市的願望。

安平生友好團訪問後不久，又一個來自昆明的代表團——以著名京劇表演藝術家關肅霜為首的京劇團來瑞士進行巡迴演出。由於當時藝術團出國演出尚無商業演出的模式，加上時間緊迫，沒有太多的準備時間，經過考慮，李雲川大使委託我同蘇黎世市政府文化部門試探一下，可否協助安排相關活動。經與蘇黎世市政府聯繫，很快得到肯定的答覆：蘇黎世可以出面組織劇團進行不以營利為目的的友好演出，地點包括蘇黎世、伯爾尼、日內瓦等城市。經與國內有關部門和劇團聯繫，瑞士巡演很快得到落實。具體事項由蘇黎世市政府辦公廳（Presidialabeilung）的尼·柏勞赫先生負責，並派出後來被京劇團稱作「蘇黎世大小姐」的雅凱（Jaccard）姑娘全程陪同。京劇團在蘇黎世和各地的演出大獲成功。來自昆明的藝術家們像是一張多彩豔麗的名片，展示在蘇黎世等地的觀眾面前。

一九八二年四月，蘇黎世老市長魏德邁爾博士（左3）在蘇黎世機場貴賓室用香檳酒歡迎昆明市市長朱奎（左2）來訪。中國駐瑞士大使李雲川（左4）也到機場迎接。

水到渠成，喜結友城良緣

正是這兩個代表團的訪問，直接引起了雙方相互更進一步交流的興趣和願望。安平生代表團曾向大使館表達了一個心願，想與瑞士某個城市締結友好城市，以此為平台，加強地區間的合作與民間友好往來。對此，李大使表示積極支持，蘇黎世和昆明應列為首選城市。他委託我與蘇黎世市政府進行接觸。經過試探，很快得到對方的積極響應。由於史無前例，不僅雙方要進行相互了解，而且因為是雙方地方政府之間的官方協議，還涉及各自國家的法律程序問題，需要時間準備，不可能一蹴而就。

一九八二年五月，蘇黎世市長瓦格納（左2）陪同昆明市長朱奎（左1）參觀市容。（左3為許穎之）

　　有志者，事竟成。準備過程十分順利，沒有遇到任何阻力和困難。一年後，終於迎來了美好的一天。一九八二年二月十七日，蘇黎世魏德邁爾市長應邀飛往昆明，在他的老朋友安平生省長的見證下，與朱奎市長共同簽署了「昆明—蘇黎世締結友好城市協議」。一時間，此事在兩市、兩國間傳為佳話，引起廣泛的熱烈贊同。蘇黎世和瑞士電台、電視台及各大官方、民間平面媒體相繼作了大量詳盡的報導，這就向瑞士人民打開了一扇窗口，使他們看到熱情友好的中國人民與其進行友好往來和加強合作的美好願望。

　　時隔不久，這年四月底，昆明市朱奎市長率團到蘇黎世回訪。當時正值蘇黎世市長換屆，瓦格納博士接任市長。老市長魏德邁爾親到機場，在貴賓室用香檳酒歡迎朱市長的到來。新市長瓦格納則在市國賓館設正式宴會，歡迎新夥伴。

就這樣，昆明和蘇黎世友城關係正式拉開了序幕。

　　從一九八二年到一九九〇年，瓦格納擔任兩屆八年的市長期間，與昆明市的交流與合作從起步到發展，取得了豐碩成果，給兩市合作的可持續發展打下了良好的基礎。兩市合作在昆明城市供水、排水、污水處理、城市公共交通等領域取得了實實在在的成果。而在以後的年代裡，儘管兩市市長換了一屆又一屆，卻都努力秉承友好協議的精神，持續向前發展。這充分說明了兩市領導的遠見卓識。

　　現在，昆明與蘇黎世友城關係還在不斷深入發展。與此同時，中瑞兩國友城和省州關係已經擴展到十四對。

　　榜樣的作用是強大的。這對「典範」友城關係在中瑞兩國關係中樹起了堅實可靠、面向未來、可持續發展的標竿。

「你好，謝謝，乾杯！」

——一名空間規劃者在中國的親身經歷

迭哥・薩爾美隆

（瑞士 LEP 規劃諮詢公司首席執行官）

王維譯

　　我們作為瑞士蘇黎世聯邦理工大學的專業團隊，於一九九七年二月前往昆明。經過長途飛行——途中經停曼谷和清邁——我們終於抵達了昆明巫家壩國際機場。當時，巫家壩機場所在的位置還是城市的南郊。不過，轟轟烈烈的城市開發建設活動在那時已經初現端倪。我們在當地的合作夥伴，亦即昆明市規劃局的朋友們，從機場接我們進城。沿途經過了多個開發建設工地，這種大規模的建設景像是我前所未見的。

　　這是我第一次前往亞洲——其實也是我第一次坐飛機長途旅行——時差和疲倦令我處於一種「文化衝擊下的迷幻狀態」，一切都顯得有些虛幻。坐車進入市中心的這段路上，車窗外的景象就像電影畫面一樣從我眼前一幕幕掠過。小孩子們坐在高速公路邊玩耍，還有人若無其事地隨意橫穿高速公路⋯⋯直看得我瞠目結舌！

　　我們被安排住在昆明市自來水公司的招待所

裡，這裡與著名的翠湖毗鄰。當時，這片老城區還是多個少數民族聚居的地方。街巷中充滿市井生活的氣息，對我來說非常新奇。接下來的時間裡，我總是驚訝不已，彷彿仍然身處一部長長的電影之中。當地居民看到我的時候，恐怕也有類似的感受。有些人驚奇地睜大雙眼盯著我，就好像我是外星人一樣。

多年後，這片市區經過徹底改造，已成為城市中產階層最青睞的住宅區和休閒娛樂地帶之一。

當天晚上，我在一家小飯館裡第一次品嚐了本地美食。我發現當地的中餐極其美味可口，與我在瑞士吃到的中餐味道並不相同。當時，我手裡的筷子還不是很聽話。經常正要張口之時，飯粒卻從筷子上掉到了盤子裡，令同桌的那些駕輕就熟的瑞士同事和中國的新朋友們忍俊不禁。不過我學習速度很快，因為飯菜太好吃了！

吃過晚飯，大家一起在附近的街巷中散步。入目所見，到處是人。那種嘈雜喧鬧的聲音真是讓人難以置信。回到招待所後，中國同事們請我們喝茶、吃點心。鐘錶顯示的時間已經是晚上八點四十五分了，我實在睏倦不已，只好向大家表示歉意，回房間休息。我的房間非常寬敞，不過感覺室內溫度只有十五攝氏度。房間裡有一個小小的便攜式電暖器，可是開關沒有打開。像長江以南的所有城市一樣，這裡也沒有中央供暖系統。但我還是很快就進入了夢鄉。第二天清晨六點整，我在這個項目的

上司馬庫斯・埃根貝格就把我叫醒了。他在一個小時前就已經起床，並且劇烈晨練過一番了。我們 7 點整吃早飯。一看飯桌，我不禁眼前一亮。除了米線和其他中國美食外，居然還有正宗的瑞士辮子面包、黃油和果醬。這讓我再次驚詫萬分。馬庫斯告訴我說，以前曾有蘇黎世的女士因為參加蘇黎世和昆明友好城市合作項目來到這裡。她們住在這座招待所的時候，把辮子面包的製作方法傳授給了招待所的廚師。這確實稱得上中瑞合璧的飲食文化！

早飯後，我們來到招待所的院子裡，那裡已經為我們準備好了標準的中國自行車。我們騎車前往工作地點。首先在翠湖邊騎行一段，然後沿著從西向東的一條主幹道繼續前行，路途相當長。不過，一路上的景象令我極感興趣，也深刻難忘。即使在 1984 年的環瑞自行車大賽上，我都沒一下子見過這麼多騎自行車的人。完全可以稱之為自行車擁堵啊！人們在自行車上捎帶的東西更是五花八門：從活雞、活豬、箱櫃直至建築材料，形形色色，無奇不有。可以說，幾乎所有能夠設想得到的東西，都統統搬到了自行車上，此外，還有許多無法想像的東西！

昆明市的海拔超過一千八百米，空氣比我們蘇黎世市稀薄，並且瀰漫著一種淡淡的、刺鼻的硫黃味道，那是因為到處都使用石煤爐的緣故。

將近半個小時後，我們到達昆明城市規劃設計研究院的辦公大樓。樓梯間裡的地上擺放著小盆罐，我還以為是漏雨接水用的。向裡一看，不對，

原來是痰盂！人們帶我們繼續上樓，來到友好城市合作項目辦公室。瑞士瓦特工程技術股份公司的項目經理馬庫斯‧特拉伯在那裡熱情地歡迎我們。室內很涼，所以大家都沒有脫掉大衣。稍後，我們就與昆明的「核心團隊」舉行了首輪工作會議。這個「核心團隊」是由昆明的城市規劃專家組成的一個工作組。

受瑞士聯邦外交部發展與合作總司委託，我們的蘇黎世聯邦理工大學地方、區域與國家規劃研究所（ORL）在所長威利‧施密特教授的領導下，與昆明市政府的一支跨學科和跨部門的專家團隊開展了一項培訓和科研合作項目。該項目特別緻力於探討昆明城區的區域規劃和環境規劃問題。這個項目與蘇黎世和昆明開展的友城技術合作項目有著密切聯繫。由於雙方的思維方式和各人的觀點都大不相同，因此，我們與當地專家團隊舉行的最初幾輪會議和工作討論會對雙方而言都非常艱難。特別是在探討如何確定昆明城區的影響範圍（即「大昆明地區」）在空間上的邊界時，我們明確意識到，每位專家的期待和觀點都千差萬別。這些討論也顯示出，昆明的城市規劃具有很強的條塊分割意識，跨部門的思維方式相對薄弱。

我們最初向昆明的合作夥伴們介紹瑞士的空間規劃理念和方法時，往往理論性太強，內容晦澀，令昆明的同行們極其費解。所以，過了一段時間之後，雙方才找到了交流中的「共同語言」。接下來

的數月裡，合作有了明顯改善，中國同行們也將新知識成功運用到了昆明城區的一些案例研究之中。

　　為了在全國範圍內和國際上推廣雙方合作的成果，我們從一九九八年開始與中國建設部（城鄉規劃司）開展合作。比如，我們定期邀請中國城市規劃專家代表團到瑞士進行技術交流，向他們介紹瑞士空間規劃的理論和實踐。另一方面，每兩至三年左右，我們也在中國共同舉辦一屆國際規劃研討會，就中國的一些具體的空間規劃問題展開探討。瑞士各城市、州和聯邦有關部門的空間規劃專家也參加了這些研討會。

　　在昆明的緊張工作之餘，我們與當地的項目夥伴們也建立起了深厚友情。我們經常受邀共進晚餐，菜品總是非常豐盛，包括不計其數的各種中式美味佳餚。每次宴會一般都要上十至十五道菜；為了祝願我們友誼常駐，大家還要喝下大量的本地白

酒。喝白酒和頻頻乾杯，也是我們需要慢慢熟悉才能習慣的一件事：首先由主人舉杯歡迎在座的客人，然後，馬拉松式的乾杯就開始了，每人至少要與在場的另外每個人乾杯一次。當時，我的中文有限，大概也就會說「你好」「謝謝」「乾杯」這幾個詞。不過每喝掉一杯，似乎發音也就更流暢一些！

一九九九年到二〇〇〇年間，我們與昆明的合作夥伴們密切合作，共同完成了大昆明地區的區域規劃研究，內容十分豐富全面。在研究中，我們採用地理信息系統（GIS），建立了昆明城區未來各種發展情景的模型。這些模型成為市政府規劃部門重要的決策參考，並使人們最終認識到，城市發展建設活動應更多地分散到昆明城市的輻射範圍內，而非單純地集中在昆明市的主城。這樣才能減少「攤大餅」式的單中心城市發展對昆明市自然環境帶來的負面影響。而這種多中心的城市發展活動應以區域性的軌道交通網絡為支撐。這樣一來，可以圍繞著中小城鎮目前既有的或者未來新建的火車站，建設新的緊湊型城鎮。

同時，我們也對昆明新國際機場的未來選址進行了評估。在上述內容浩繁的區域規劃研究中，我們的專業團隊為確定昆明新機場的最終選址作出了重大貢獻。新機場的地點最後確定在昆明市東北部的嵩明縣內。

我們與昆明市規劃局和規劃院通過良好合作取

得的成果，被公認為一個「成功範例」。在昆明和中國其他城市乃至東南亞地區舉辦的多屆國際會議上，都對此進行了廣泛介紹。昆明方面依照合作成果，對昆明市的中長期城市總體規劃進行了相應的修編，其中更加注重多中心組團式的城市發展模式。瑞士聯邦外交部發展與合作總司對我們開展的這項培訓和科研合作項目極為滿意，並批准我們繼續開展下一個為期三年的合作階段（2001-2004年）。

新領導上任後，總會有新的思路。二○○三年正逢昆明市和雲南省政府換屆，新的領導班子上任後不久，便公開了一份新的城市發展綱要，簡稱為「一湖四片」規劃。這份規劃中將昆明定位為中國通往東南亞地區的門戶；城市發展將不僅僅侷限於昆明的核心城區，而是分散到滇池沿岸的三座新城（呈貢、晉寧和海口），不過這三座新城都位於滇池流域內。這份規劃部分性地逆轉了我們之前的規劃理念，因為我們建議在滇池流域以外的地區進行區域性多中心城市發展。對此，我們和昆明的規劃專家們都感到非常失望。其後，雙方針對今後的規劃工作步驟展開了多輪磋商。最終，我們與省政府和市政府的相關部門達成了一種「折中辦法」，盡力對新的規劃綱要進行優化，使昆明城區盡可能實現可持續發展。

在接下來的兩年裡，我們與蘇黎世市政府參加友城技術合作的專家們密切合作，針對昆明各個新

城的未來空間發展完成了多項案例研究。這些研究成果成為昆明規劃人員制訂城市發展規劃時的基礎資料。這樣，我們通過嚴謹細緻的工作，將原來昆明市整體發展規劃中的重大元素重新納入了新的規劃之中。

通過這項工作，我意識到，中國城市規劃中的戰略性決策一般來說也是有一定的靈活性的。因此，如果某個結果不符合我們的想法，沒有必要情緒激動，而是應當保持冷靜，與中方合作夥伴共同開展優化工作。這也正是我們採取的辦法。此外，也需要大量敏銳的技巧，才能在與政府領導進行重要會議時，提出適宜而正確的論據。

二〇〇六年，培訓和科研合作項目的最後一個階段開始了。這一階段的主要目標是，最終完成正在進行的各種項目和培訓元素。昆明市規劃局和規劃院的合作夥伴們，非常希望能將這種成果豐碩的合作繼續開展下去，並首次委託我們在培訓和科研合作項目之外另提供諮詢服務，為《昆明市二〇二〇年市域城鎮體系規劃》和《官渡區二〇二〇年空間發展戰略》項目進行諮詢。

在這種新的合作模式中，我們更多地感受到了昆明的合作夥伴們掌控項目工作的訴求，而我們在每個項目上能夠投入的時間也大幅減少了。儘管如此，我們還是繼續開展一些培訓元素，並邀請昆明市規劃院的專家們到瑞士來訪問交流，以研究空間和環境規劃中的某些具體方面，並了解瑞士的實踐

做法。

在多個項目上，我們都有幸向負責審批規劃的昆明市規劃委員會匯報我們的規劃成果。

我們與蘇黎世市政府參加友城技術合作的專家們之間的合作，縮減為定期召開協調會議的形式，從而繼續保持信息互通，盡量發揮協同效應。

與我們開展的大部分針對城區的項目不同，「沙溪復興工程」是一個鄉村地帶的發展項目。沙溪位於雲南省西北部大理州境內，擁有豐富的歷史文化遺產。我們的蘇黎世聯邦理工大學地方、區域與國家規劃研究所（ORL）團隊在所長威利·施密特教授和雅克·菲恩納博士（項目領導）的帶領下，提供了有力支持，使沙溪古鎮早在二〇〇二年便由世界遺產基金會（World Monument Fund，縮寫WMF）納入了全球一百處瀕危建築遺產名錄。之後，我們成功地從國際上和瑞士的多家基金會籌集了數額不菲的贊助資金，並與瑞士聯邦外交部發展與合作總司簽訂了一項歷時多年的合作項目，「沙溪復興工程」正式啟動。該項目旨在保護這一歷史悠久的古村落和周邊的自然環境，並以可持續發展的方式對其進行更新改造，以便改善當地居民的生活條件。在「沙溪復興工程」中，我們在歷史風貌與文化遺產保護、空間與環境規劃、扶貧和區域發展等諸多領域完成了各種豐富的項目。我們與當地政府相關部門開展了堪稱典範的合作，並成功實施了許多子項目（古建修復、基礎設施建設等），使

沙溪最終成為國家級歷史文化名鎮。

在蘇黎世聯邦理工大學，科研人員的工作合同有一定的年限規定；另一方面，研究所所長（威利・施密特教授）也即將退休。因此，我們這支在所內負責中國項目的工作團隊於二〇〇八年創建了蘇黎世聯邦理工大學的衍生公司——LEP 規劃諮詢公司。公司成立後，繼續開展之前在中國進行的各種項目。由於我們在中國擁有廣泛的聯繫，因此，我們在很短的時間內便獲得了許多重要的項目，而中國房地產領域的民營企業也成了我們的客戶。比如，昆明的一家大型房地產公司計劃在滇池岸邊的濕地公園中建設一座「瑞士園」，吸引人們前來休

沙溪入選世界遺產基金會二〇〇二年保護名錄的新聞發布會。上圖：雅克・菲恩納博士（左2）和托馬斯・瓦格納博士（右2）與雲南省合作夥伴在主席台上；下圖前排：威利・施密特教授（右2）、迭哥・薩爾美隆（右1）、維爾納・斯杜奇（右4）、弗朗茨・艾伯哈特（右5）以及其他參加人員。

閒、觀光。二〇〇八年秋，這家公司的董事長陪同當時的昆明市長（張祖林）率領的正式代表團訪問瑞士。訪問期間，代表團到蘇黎世聯邦理工大學宏克山（Hönggerberg）校區做客。在學校大樓的露天平台上，我們舉辦歡迎酒會招待客人。當我被介紹給昆明市長後，站在他身旁的那位房地產公司董事長馬上對我說：「你們是從事景觀規劃的？我正好有個項目給你們！」我高興不已，連忙以慣常的做法與他交換了名片，並承諾在最短時間內提供濕地公園和瑞士園的規劃設計報價書。五個月後，在昆明和蘇黎世兩市市長的見證下，我們就與這家房地產公司簽訂了合同。隨後，由於這個項目十分重大，我們前往中國出差的次數大大增加。我們還組織了中瑞兩國在房地產諮詢、城市設計和建築設計、水務工程等領域的其他公司，作為我們的分包公司加入項目之中，共同完成這一錯綜複雜的任務。這期間，甲方的各種設想和要求即使不是「日新」，也可稱為「月異」，我們相當低估了在這種瞬息萬變的情況下協調各個專業團隊所需的時間和精力。不僅如此，當地政府有關部門的要求也千變萬化，令我們的工作更為困難。確實，有時工作極其艱難棘手，雖然報酬不菲，但我們還是幾乎想要放棄。不過，我們並未實際放棄，哪怕是在由於瑞士園的位置再次改變，我們不得不第五次推翻之前的設計、重新從頭制訂整體概念方案的時候。後來，我從其他房地產公司那裡了解到，這種情況毫

昆明市規劃設計研究
院與 LEP 規劃諮詢公
司二〇一〇年戰略合
作簽約儀式。（左起：
迭哥·薩爾美隆、托
馬斯·瓦格納博士、
劉學、王學海）

不稀奇。反之，我們「僅僅」做了五個版本的概念
方案，相對來說算是不錯了。

在接下來的數年裡，我們又獲得了政府規劃部
門和私營房地產公司委託的其他各種項目合同。通
過這些業務，我們得以更好地了解了政府和私營企
業這兩類不同的客戶，以及它們各自的需求和特定
利益，這令我們能夠更高效、更迅速地進行規劃。

二〇〇八年至二〇一五年間，我們與昆明市規
劃院簽署了多份合作協議，從而獲得了各種新的項
目。這些項目有的是甲方直接給予我們的委託合
同，也有的是政府組織的城市規劃方案徵集活動。
在這些項目上，我們的主要職責是擬定概念性的理
念和相應的空間發展戰略。之後，由我們的中方合
作夥伴繼續進行深化，並將規劃成果製作成符合中
國要求的格式。不過，要將規劃圖和文字報告製作
成符合中國要求的格式，其實絕非易事，因為帶有

瑞士色彩的規劃理念並非總能順暢地包裝成相應的中國格式。

二〇一四年九月，我隨蘇黎世市長柯琳・茅赫女士率領的蘇黎世市政府代表團訪問昆明。我們的航班在午後抵達剛剛啟用不久的昆明長水國際機場。這座新機場位於昆明主城東北方大約二十二公里處，工程建設只用了五年的時間，於二〇一三年投入使用。長水國際機場作為中國五大國家門戶樞紐機場之一，預計二〇二〇年的客流量將達到四千萬人次，從而有力地推動昆明發揮面向東南亞地區的橋頭堡作用。

第二天，我們訪問了巫家壩老機場，昆明市規劃院院長王學海先生向我們介紹了巫家壩片區的改造規劃。老的候機樓將大部分拆除；這片寬闊的地帶今後將建設成為一個新的商業和住宅片區，並向人們提供就近休閒的空間。

考察結束之後，我們就在附近搭乘剛剛通車不久的城市軌道交通一號線，前往呈貢新城。這裡是昆明市新的市級行政中心所在地。與新機場一樣，呈貢新城的建設速度也令人驚嘆，規劃和建設總共只用了不到十年的時間。最終建設完成後，這裡將容納一百萬居民！

是的，目前昆明城市發展的速度和規模仍像十八年前我第一次造訪這座城市時一樣令我嘆為觀止。我也拭目以待，期待著看到七年後當昆明和蘇黎世慶祝締結友好城市四十週年之時，昆明市又將煥發出怎樣的風采！

友好學校的楷模

梁新儒

（北京市二中前校長）

心力交融的成果

二〇一五年四月十七日，春光明媚，在北京市二中寬敞明亮的活動大廳裡，北京二中和瑞士因特拉肯中學建立友好學校關係三十週年盛大慶典隆重舉行。活動中充滿了喜悅和激情。三十年的友好交流，充分體現了真誠的共同利益和相互理解與尊重，實屬難得和不易。對此，原北京市教育局局長陶西平先生、侯惟誠先生都曾讚譽該兩校關係是友好學校關係的楷模。

三十年前，即一九八五年九月二十九日，北京二中校長張覺民先生和瑞士因特拉肯中學校長赫爾穆特・萊辛先生在北京共同簽署協議，正式建立了兩校友好合作關係。當時出席簽字儀式的有北京市教育局和瑞士伯爾尼市教育部門領導，以及因特拉肯中學董事會副主席阿爾道・馬蒂內利先生、前中國駐瑞士大使館文化秘書許穎之女士等。出席這次簽字儀式的女士們和先生們此後都為兩校友好關係的順利發展付出了極大的心血和努力。他們通過牽

線、聯絡、協商、制定計劃和會談，克服了一個又一個困難，舉辦了多達數以十計的交流、互訪，增加了兩校師生的相互了解和友誼。

三十年來，北京二中師生代表團多次應因特拉肯中學邀請訪問瑞士，受到特別熱情友好的接待。他們對因特拉肯中學教學和學生學習及生活進行了深入的了解，同瑞士人民進行了接觸，參觀了伯爾尼、日內瓦、洛桑、蘇黎世等大城市，和許多學校進行了交流，開展了豐富多彩、令人難以忘懷的活動。

自從建立兩校友好關係以來，瑞士因特拉肯中學師生在萊辛校長的帶領下，曾多次來華訪問北京二中，與二中師生開展了一系列交流和聯誼活動，彼此加深了了解，增進了友誼。

一九九五年，兩校師生在瑞士因特拉肯中學舉行了建立友好關係十週年慶祝活動。二〇〇五年，在北京二中，兩校師生舉行了二十週年慶典。二〇一〇年，在因特拉肯中學又隆重舉辦了二十五週年慶祝活動。這一系列活動見證了兩校友誼的持續發展。

可貴的是，北京二中邀請了因特拉肯中學一位高水平的英語教師在二中任教半年。她與二中英語教師和學生建立了深厚的友誼，為兩校英語教學的提升作出了積極貢獻。因特拉肯中學的學生們也幾次到北京二中隨班學習。這加深了瑞士青年學生對中國的了解，深化了兩校學生間的友誼。

相互交往活動中，還要特別提到的是兩校足球隊。兩隊分別在北京亞運村奧體訓練場和東單體育場舉行了兩場足球比賽。雙方在「友誼第一，比賽第二」精神的鼓舞下，認真切磋球技，交流感情。為了鼓舞士氣，萊辛校長還親自上場，參加了百米賽跑。他不顧年高，仍然煥發出青年人的活力，大大地鼓舞了兩校的學生。

兩校師生間的交流活動，都充滿著真誠的友誼，給我們留下了深刻的印象和美好的回憶。三十年的友好合作關係，是兩校師生深厚友誼和共同利益的體現，是彼此相互尊重和相互關注的體現。更為深遠的重要意義是，體現了相隔千山萬水的中瑞兩國人民的友誼和相互了解。

令人敬佩的赫爾穆特‧萊辛校長

在眾多相知的外國友人中，萊辛校長給我留下了極為深刻的印象。他對中瑞兩校友好合作關係的建立和持續發展作出了傑出的貢獻。

為了尋求友好合作夥伴，他首先對中國的教育和中學進行了詳盡的考察，親自訪問了北京、上海等地的中學。在中瑞兩國政府、大使館和教育部門的大力支持下，經多方共同努力，終於選定北京二中，與之簽訂友好學校協議。

萊辛校長為人耿直，待人熱情親切，工作一絲不苟。他工作計劃性極強，往往安排好半年或一年

的活動日程，一點不亂，像瑞士鐘錶一樣準確。

為了能使北京二中師生代表團順利訪問瑞士，萊辛校長不僅自己付出了許多時間和財力，而且爭取到瑞士 ABB 等大企業的支持。

二中師生們在瑞士活動，都由萊辛校長親自安排，陪同訪問。他們不僅訪問了因特拉肯、伯爾尼、蘇黎世、日內瓦、洛桑等大城市，還到農村同農民接觸，欣賞到瑞士的湖光山色和人文景觀。此外，他們還走訪了各類學校、體育中心、銀行和軍營。二中同學們特別感興趣的是在因特拉肯中學隨班聽課和交流座談，收穫頗豐。

多少年來，萊辛校長始終如一地熱衷於中瑞兩國青年學生的友好交往事業，贏得了二中師生的敬重和愛戴。

二○○○年九月，瑞士聯邦主席奧吉訪問北京二中，向全校師生發表講話。

瑞士聯邦主席訪問二中

在中瑞兩校交往的歷程中，瑞士聯邦主席阿道夫・奧吉閣下對二中的訪問無疑是重彩一筆。一位國家元首訪問別國的一所普通中學，實屬罕見。

二○○○年九月十三日，北京二中像過節一樣隆重地接待奧吉聯邦主席來訪。全校師生喜氣洋洋。巨大的橫幅「熱烈歡迎瑞士聯邦主席阿道夫・奧吉閣下蒞臨北京二中」懸掛在大會主席台的上方，十分醒目。奧吉主席發表了熱情友好的講話，盛讚兩校友好關係富有成效。他饒有興趣地觀看了

全體學生的課間操表演。同學們整齊的操練得到他的讚賞和鼓勵。

　　奧吉主席訪問二中，是兩校關係史上的一座高峰，大大促進了兩校友好關係的進一步發展，也給我們留下極為深刻的印象和美好的回憶。

瑞士友好人士伊麗莎白・馬蒂內利女士

　　每有二中師生訪問瑞士，伊麗莎白都忙前忙後，熱情友好接待。這幾乎成為訪問團活動的固定節目。

　　中國師生們在她那陽光明媚、綠草茵茵、鮮花

盛開的庭院裡做客，充滿歡笑，好像在自己家裡一樣。

伊麗莎白夫婦付出巨大努力和心血，積極參與接待二中師生。他們不僅熱情友好地安排食宿，而且經常親自駕車協助萊辛校長開展各項活動。

有位中國學生騎自行車不慎摔倒，腿部受傷，鮮血直流。伊麗莎白親自為其療傷，細心照顧，直至痊癒。這位同學深受感動，體會到了家庭的溫暖。

從伊麗莎白身上，我們深深地感受到瑞士人民對中國的友好。這正是兩校友好關係持續三十年的原因之一。

我衷心地祝願兩校友誼歷久彌新，祝願中瑞兩國人民友誼長存！

記 篇憶

中國憶事

周鐸勉

（瑞士前駐華大使）

可以說，我的生活與中國密不可分已經六十年了。二十八歲那年，我作為年輕外交官被派往北京，從而開始了職業生涯。但在這之前，中國早已在我的腦海中占據一席之地。自十歲起，我便開始關注這個國家，當時我幾乎對其一無所知，我和我家族的任何成員也從未踏入這片土地。那麼，我小時候這種興趣從何而來呢？到目前為止這都是個謎，但命運卻安排我在中國生活了十六載有餘。那麼中國符合我兒時的幻想嗎？肯定不是。彼時我想像的中國是曹雪芹在《紅樓夢》中敘述的模樣，且不說當時我所讀的英文版本與原著原意相隔甚遠。我後來認識的中國與《紅樓夢》中的描述沒有任何可比性，就如同今天的瑞士不再是小說《海蒂》中描述的瑞士一樣。

那麼，一九七四年我第一次接觸的中國是什麼樣的呢？之後，一九八四年我第二次居留時的中國有何變化？而二〇〇四年我離開北京前往印度上任時的中國又是怎樣的境況呢？回答這樣的難題並不容易。中國在此期間經歷了世界上其他地區無法比

擬的翻天覆地的變化。同時，國際局勢風雲變幻，
中國身處其中。想當初抵達中國的時候，並非只有
我一人認為我的整個一生都會伴隨兩個「超級大
國」（美國和蘇聯）的對峙，而且這一生都會見證
以中國和印度為代表的貧窮的第三世界的存在。我
們都忽略了一點：歷史可不會停滯不前。有誰當時
會想到三十年後蘇聯會解體、中國成為經濟大國以
及當今世界貿易與思想層面的交流背景下各國之間
相互依存度不斷加深的趨勢？

抵京首日

　　一九七四年，我的第一份工作便是被派駐北
京。那時中國對於年輕的我還相當神祕，當時是
「文化大革命」的最後幾年。在歐洲，人們對中國
知之甚少，前來中國遊覽的歐洲人更是鳳毛麟角。

一九七五年五一勞動
節，周鐸勉先生（二
排左1）在北京中山公
園和中國百姓下象
棋。

因此，對於我而言，旅居中國如同開發新大陸。

我對在北京的第一天工作還記憶猶新。我於前一天晚上乘坐法國航空公司的航班抵京——當時瑞士航空公司尚未與中國開通直航，抵達後入住新僑飯店，該飯店是當時北京三四所接待外國人的飯店之一。瑞士使館位於離天安門廣場不遠的一棟中國傳統建築裡。翌日凌晨，同事來飯店接我，之後參觀使館並向我一一介紹了同事及員工。當天，我領到了我國政府預支給我的工資二百元——裝在袋子裡的一沓當時最大面值的十元人民幣。這些錢相當於當時一個北京居民半年的平均工資。

晚上，我離開使館，步入一條灰色磚牆建築圍繞的小街，走著走著迷路了。我繼續往北走，五分鐘後我發現我錯了，於是找到附近的一家派出所。工作人員聽懂了我的中文，而我卻不知其回答為何意。之後，一名警察領我到附近的公交車站，並告訴了售票員我的目的地。正值下班高峰，公交車上人比較多，但他們都爭先恐後給我讓座。接下來問題來了，得付錢：一角錢。而我當時只有十元面值的紙幣，我感到許多目光在我手頭這一小袋子錢上聚焦。我拿了一張十元給售票員，她先找給我一元，然後艱難地開闢出一條通道前往車頭的錢箱找回餘下的錢。我當時確實非常尷尬。此次經歷後過了很久，我才再次乘坐公交車。

當時在北京，外國使團人員的生活並不容易。物質上我們並無所缺，然而與自己國內的聯繫非常

艱難。那時的中國政治環境複雜，而這並不利於外交關係的發展。不過，在之後的四年中，我見證了中國現代史上一些最具標誌性的事件，尤其是在一九七六年。

一九七六年

這一年，首先是中國總理周恩來去世，接下來便是四月五日在天安門廣場爆發的反對「四人幫」的運動以及朱德委員長逝世。七月份發生的唐山大地震更是讓舉國上下陷入一片悲痛之中。最後，毛澤東主席於九月份逝世。之後一個月，我們得知「四人幫」被逮捕的消息。儘管當時的中國與現在的中國在國際社會的地位不可同日而語，然而，包括瑞士在內的外國政府都意識到其在國際社會的重要性以及這些事件對於這個國家未來的深遠影響。在此背景下，全世界的目光都轉向這個國家，顯然，駐北京的外交官們在與其本國政府的溝通中扮演著重要角色。

「四人幫」被打倒後的幾週內，上述一系列事件的影響便初見端倪。變化之迅猛我們可以在文化領域（包括電視節目、媒體報導）以及與當局的接觸中感受得到。接下來，中國政府推出了最初的一些改革措施，教育層面尤其明顯。我們感覺到中國將奮發進入一個新的時代。我們同時感受到中國了解世界的迫切需求，其對中斷聯繫長達三十年之久

的歐洲與美國尤為關注。於是，中國代表團與瑞士的交流頻繁起來，令我印象深刻的是一九七九年在瑞士陪同當時的四川省委書記趙紫陽先生一行。

第二次居留（1984-1988 年）

我國外交部並沒有將一名外交官多次派往同一國家的慣例，但是由於之前部裡給我安排了一年的漢語強化訓練，因此我的大部分職業生涯在中國度過也在情理之中。一九八四年，外交部第二次將我派往北京，擔任使館參贊一職。

這時候離毛澤東主席去世已經八年了，鄧小平啟動改革開放政策也已有六年。我知道在這段時間內中國發生了許多變化。一九八○年，我在北京曾有短暫的度假居留，期間我已感受到一些領域的新貌。但是一九八四年，中國在我看來已經完全煥然一新了。不論是城市還是農村，中國經濟快速發展。由於對外招商引資，許多現代化的飯店也得以出現。私營餐館也隨處可見，私人手工業發展也欣欣向榮。農村經濟改革使得農民們可以直接將其產品銷售至自由市場，我們於是可以在街上直接購買農民們的蔬菜，之前國營商店前長長的隊伍消失了。同時，他們銷售的產品也越來越多樣，我們可以找到之前不為人知的蔬菜，比如西蘭花。旅遊領域，中國政府也為吸引外國遊客做足了努力，很快中國便成為外國遊客在亞洲的主要的目的地之一。

甚至人們穿的服裝都變了：西裝取代藍色的中山裝（歐洲人還誤稱之為「毛裝」），開始成為時尚。

人文交流

這時期，中國與外界各個層面的聯繫開始建立。這使得數十載斷絕來往的家庭成員得以重聚。在這方面，我對一個故事記憶猶新。

一九八五年，我參觀了在地壇公園舉行的第一屆廟會，之後接受了採訪。一位溫州市民在看到節目後寫信給我，說他有一個兄弟於一九四八年移民瑞士，之後便杳無音訊。在給我寫信之前的兩週，他第一次收到了其兄弟的信件，此事毫無疑問讓全家人頗為激動。當時他立刻回了信件，但是再沒有收到任何答覆。難道這封信僅僅是場鬧劇？於是我與蘇黎世市政府取得聯繫，他們通知我他的兄弟剛剛入院治療。於是，我給了這個溫州家庭醫院的地址。然而，他們還是沒有收到回覆。

九個月後，蘇黎世託管部門寫信給我，告知其兄弟已逝世，遺留物品中有一封致大使館的信件。那麼，大使館可以聯繫逝者家人處理遺產事宜嗎？這裡存在一個法律層面的問題，於是分歧出現了：其兄弟在瑞士逝世，遺產問題的處理理應遵守瑞士法律。然而這個溫州家庭卻不明白，在逝者在瑞士舉目無親的情況下，為何還由瑞士法律來處理一樁僅涉及幾個中國人的遺產事件。不過，最終中國朋友期待已久的行政程序得以履行完畢，逝者的遺產

及紀念物品順利轉至溫州的家人手中。

我想，當時還有多少闊別多年而未重逢的家庭啊？我為能夠幫他們建立聯繫感到非常開心，儘管有時候這種聯繫姍姍來遲。

音樂的重要性

音樂對於有些人來說僅僅是一種聽覺層面的消遣。而在古代中國，音樂是一種讓靈魂與天地萬物和諧為一的重要手段。對於中國文人來說，音樂的薰陶以對古琴的熱衷開始，這一樂器的歷史可追溯至大約三千年前。我接下來要講述的是，音樂可以在人與人的交流中起到重要作用。

一九八五年，我結識了古琴大師李祥霆先生。我對古琴痴迷已久，並且有意拜師學習。三年間，我每月兩次前往李祥霆老師在中央音樂學院的家裡

一九九六年，時任瑞士駐華公使周鐸勉學習彈古琴。

學習這門樂器。一天，李老師告訴我，他妻子一個伯伯的一個兄弟於三〇年代移民法國，後來又輾轉到瑞士，隨後與一位瑞士女士結婚並定居於弗裡堡市。碰巧，我的童年是在該市度過的。我立刻告訴李老師我認識這位先生，但是他幾年前就離開了人世。這實在是太巧合了。之後，我即刻寫信給他的妻子，他妻子為能夠與他去世的丈夫的中國家人取得聯繫而無比高興。之後她到過中國兩次。儘管存在語言障礙，她依舊與她的中國家人保持著通信往來。我對此特別高興，因為我對中國音樂的興趣不僅滿足了我的審美需求，而且幫助了飽受歷史考驗、天各一方的兩家人重新建立起聯繫。

還是在人文交流領域，這個時期，中國昆明市與瑞士蘇黎世市於一九八三年結為姊妹城市，當時的蘇黎世市市長是托馬斯・瓦格納（Thomas Wagner）先生。此次結誼的重大意義影響至今。同時，北京市二中與因特拉肯（Interlaken）中學結為姊妹中學，這在瑞士方面要歸功於赫爾穆特・萊辛（Helmut Reichen）先生的不懈努力。我有幸參與了這兩件大事，但是除此之外，中瑞之間還有其他類似的有利於增進兩國相互了解的舉措。

文化交流

我這些年在使館主要負責文化交流，因此有幸組織了多次展覽。其間，一次瑞士當代陶瓷展激起了中國該領域專家們的濃厚興趣，他們當時渴望了

解歐洲這門藝術的發展情況。同時，我們啟動的「瑞士電影週」也向中國公眾展示了瑞士文化鮮為外界所知的方面。我個人認為，瑞士電影通常向人展示了瑞士人的一個通性：瑞士人不喜歡說起話來沒有實質內容，他們不推崇僅為了娛樂大眾而毫無內含意義的電影製作。這一點讓我的一位中國朋友倍感失望，他認為我們播放的電影與宣傳布道沒有什麼兩樣！我們真的選擇失誤了嗎？

主管文化的外交官的特權之一便是可以結識許多藝術家及文化領域的名人。我有幸與著名劇作家吳祖光及其妻子、著名評劇演員新鳳霞女士多次會面。與此同時，我還多次在與中央音樂學院的交流過程中見到其兄弟吳祖強先生（著名作曲家）。我還有著許多記憶深刻的會面，比如說與著名樂隊指揮李德倫先生（他在培養中國年輕音樂家方面成就卓著），他一邊開玩笑一邊抱怨須指導年輕人「充滿升降音」的作品，因為當時這些年輕的作曲家們開始從西方當代音樂中吸取靈感而日益擺脫中國音樂學校裡固有的傳統教學模式。

第三次居留（1995-2004 年）

一九九五年，我被外交部第三次派往中國任職。當時瑞士駐華大使是烏利・希克（Uli Sigg）先生，他因一九八〇年與中國方面簽署了在華成立第一家引進西方資本的合資企業的協議而聲望頗高。

雖然他並非職業外交官，當時我們的外交部長看重他對中國經濟領域的了解，委派他前來推動瑞士與中國的經濟合作。大使同時還對中國當代藝術有著極其獨到的見解。在三年半的任期內，他非常關注中國當代藝術的發展，並極大地推動了中國當代藝術在歐洲的傳播。

我在這次返回中國前不久才結婚，妻子來自日本。我覺得我因她又與亞洲近了一步。她因為不懂這個國家的語言有時感到有些茫然，雖然從外形上她又很容易被視為中國人。有時在餐館，服務員拿著菜單走過來直接向其介紹菜品，而我妻子卻保持沉默。這種情況讓她感到特別尷尬。當時服務員轉向我，並問我妻子是否為聾啞殘障人士。我們都覺得這很可笑，但這也激勵了我妻子，她開始學習中文。

一九九五年回到中國之時，我以為我了解中國。但接下來的時間裡所遇到的諸多驚人的事情，

二〇〇三年十一月六日，瑞士聯邦前主席奧吉訪問北京二中，周鐸勉大使（右3）等陪同。

讓我再次改變了對中國的看法。七年前我離開了北京，這次再次歸來，如同一九八四年一樣，我感到我已經生活在一個全新的國度裡。

驚訝不已

　　我所感到吃驚的事情之一發生在我抵達之後的兩三週。我和妻子受中國朋友之邀前往北京城南的一家時尚新餐館就餐。在到達餐館附近的時候，我驚奇地發現路旁停著很長隊伍的小車。我們還以為是在歐洲，這一幕對於我而言是全新的。我們就餐的餐館的建築風格在八〇年代肯定是不為人知的。顧客們自由選擇諸如肉、魚和蔬菜等種類繁多的菜餚以讓餐館準備，隨後他們支付餐館廚師相關費用。我問我的朋友們這些小車都歸誰所有——要知道我上次居留時，私家車還實屬罕見。這些車真的可能歸個人所有嗎？我得到的確切的回答表明，中

國經濟在這幾年間發生了多大的進步啊！

這一發現在幾週後得以再次確認。我們使館的廚師需要準備一場招待會，他像平常一樣請求鄰家使館的廚師幫忙，而這個廚師居然也是開私家車前來我們使館的！一個廚師都開自己的車上班，這種情況在八〇年代怎麼可能呢？這也有力地證明中國確實變了。

中國面貌煥然一新

一九九五年，我們可以觀察到中國的自由化政策成效已經顯現。在這方面，看看我們的中國朋友們的住房就夠了：它們越來越像歐式住房，木質天花板，配有現代廚房以及精緻的家具。與我十年前看到的比較，對比相當明顯。

不管在城市還是鄉村，整個中國的新氣象很快就處處可見。自行車流被汽車流替代，隨之而來的還有不可避免的空氣污染以及交通堵塞等問題。在此背景下，上海開始飛速發展並且很快就成為國際化的大都市。然而，我卻為一些歷史悠久的城市感到惋惜，比如北京，這裡的文化遺產並沒有得到很好的保護。要知道，那些被摧毀的東西永遠都不可能修復。歐洲也曾經歷快速的現代化而導致了許多毫無意義的破壞，這方面的教訓中國本應引以為戒。

一九九九年一月，我被任命為大使。事實上，指派一位已在職而且職位相對較低的外交官為大使的情況比較少見。我的語言水平以及在中國的經歷

一九九九年，瑞士新任駐華大使周鐸勉向江澤民主席呈遞國書。

顯然是這次任命的主要原因。之後，兩國關係在各個層面快速發展，尤其是經濟領域，同時，雙方領導人的互訪逐漸頻繁。一九九九年三月，江澤民主席訪問瑞士，這是中國國家元首首次對瑞士進行國事訪問。二〇〇〇年九月十四日，瑞士聯邦主席阿道夫·奧吉（Adolf Ogi）訪問中國，以慶祝瑞中正式建交五十週年。

春晚獻藝

駐華大使的工作繁重、全面，有時甚至是強制性的，這一點我無須強調。然而，偶爾也有沒那麼正式而且輕鬆有趣的時候。有一次，我被中國一家電視台邀請錄節目，我帶上幾個同事前往參加，背景與過程如下所述。

眾所周知，春節晚會對於中國的電視台非常重要。通常，歌星尤其是女歌星占據著螢屏的大多數

時間，而且各個電視台之間為能吸引最流行的藝術工作者而展開激烈的競爭。二〇〇二年，北京電視台別出心裁地邀請了一批不是那麼流行的嘉賓：駐華大使。

製作人員優先選擇了懂中文的人。因此，他們找到了我，一起參加節目的還有我的俄羅斯以及波蘭同行。他們要我們用毛筆寫幾個漢字、唱首歌或者彈彈樂器。因為歌唱得一般，我自薦嘗試彈彈我之前學過的古琴。他們對我的提議表示讚賞，並試著錄了一段。

節目的第一場，工作人員錄制了大使們的書法秀。錄製面向公眾。他們遞給我們毛筆，我們根據自己的喜好與水平開始寫。我選擇了中國書法家普遍熟知的經典古書《千字文》中的四個字。隨後主持人打破沉默，要求每位嘉賓解釋他們所寫的內容。我對她說：我寫的是《千字文》裡的一句話。「千什麼？」「千字文。」「什麼？」我開始懷疑我的中文了。我的發音難道真的如此差勁？我意識到，事實上不是我的語言水平有問題，而是主持人的知識面有待擴展——她會講，妝容也得體，但是文學素養有待提高。

後來，輪到錄制我的小段古琴演奏了。那天，我走進錄制大廳，看到二十來位身著青花瓷服裝、頭系紙花的年輕姑娘在等著我。我好奇地走上舞台，坐在我的樂器旁邊，那些姑娘隨即聚攏到我身後，音樂開始了。

周鐸勉大使（左1）在瑞士駐華使館舉行宴會，中國前駐瑞士使館政務參贊王慶忠（右2）應邀出席。

　　這段錄制的節目最終播出，但工作人員配備的伴奏幾乎掩蓋了我的音樂，而那些年輕的舞者則在舞台深處翩翩起舞。我真的覺得音樂效果非常一般，但節目看上去效果還不錯：不僅我的許多中國朋友新年期間觀看了，我之後還被告知說電視台收到了許多封觀眾的來信，他們對在這麼一個通常僅僅專注時下流行文化的節目中加入中國傳統元素之舉表示欣賞。儘管我對自己的古琴表演不甚滿意，但至少我對能夠通過文化的形式與數千萬的中國電視觀眾直接溝通感到些許自豪。

　　顯然，短短的幾頁不足以描述十六年的中國生活給我留下的回憶。於我而言，記憶中最為深刻的，是這些年來我與各個階層中國人之間的接觸與交流，他們成了我的朋友。而我唯一的遺憾，是不得不因時空距離而與他們分開。我們可以經受空間和距離的考驗，但是，人人皆知，面對時間，我們能做的，僅是彼此掛念。

凡人小事總難忘

李端本

（中國前駐瑞士蘇黎世總領事）

　　六十五年前，瑞士政府力排眾議，毅然決定
先於許多西方大國承認剛剛成立的新中國，並很快
建立外交關係，開創了中瑞關係的新時代。作為一
個歐洲小國，瑞士這種高瞻遠矚的外交膽略在國際
上博得了廣泛讚譽。我那時正在小學讀書，對瑞士
此舉欽佩不已，從此牢牢記住了這個國家的名字。

　　但我做夢也沒想到的是，後來竟然有幸兩度到
瑞士工作，前後達八年有餘。在這一生中最值得回

李端本夫婦一九八三
年國慶節在中國駐瑞
士使館前留影。

憶的美好歲月裡，我經歷了很多故事，學到了很多東西，留下了很多難忘的記憶。回眸往昔，發現一些工作上的事務彷彿更容易被飛逝的時光所沖淡，而那些生活中反覆出現的凡人小事，卻在不斷凝聚起來，逐漸昇華為濃濃的瑞士情結，使人常常觸景生情，隨時會激活一幅幅溫馨的舊時畫面。讓我尤感高興的是，正是通過對這些凡人小事的長期體驗和觀察，我越來越清楚地確認：瑞士當年承認新中國的英明外交決策，既彰顯了政府的高超智慧，更體現了廣大瑞士人民對外和平友好的心願。這讓我更堅定地相信，深深植根於人民友好這一沃土之中的中瑞友誼之樹必將枝繁葉茂，萬古長青。

「瑞士好人」

人外出時往往需要問路，若在異國他鄉，就更在所難免。細想起來，我在所到過的瑞士城市中，幾乎都有問路的經歷。而越是曾經打聽過的地方，留下的印象越深刻。問路雖如此司空見慣，可我從未遭遇過冷漠和拒絕。相反，你若在某個路口稍顯猶豫徬徨或四處張望，說不定馬上就會有人主動向你走來，很客氣地問你是否需要什麼幫助。有位第一次出國的司機師傅曾感慨地說，到處都能遇到「瑞士好人」。

對於心地善良、樂於助人的「瑞士好人」來說，耐心而詳盡地給人指點迷津只不過是最起碼的

義務，一旦需要，他們常常會毫不遲疑地把這種善舉進行到底，不做到極致絕不罷休：你有地圖，他們會幫你詳細標出路線；你沒帶地圖，只要他們有，就會拿出來標好路線送給你；如果你要走的路線太複雜，三言兩語難說清楚，他們會提議坐到你的車上來指路；你沒開車，他們會主動請你搭他們的車，送你前往；若雙方都有車，他們會開車在前慢慢帶路；要是他們也不認識你去的地方，還可能轉而代你就近向過路的行人求助……總之，為了幫你解決難題，他們會想方設法，不遺餘力。

上述問路的某些場景，我和周圍同事都曾有過多次親身經歷，或在城市，或在鄉村；或在冬夏，或在春秋；給你指路者，或男或女，或老或少。每逢此時，我都會對那些友善熱情的「瑞士好人」油然心生敬意，除了衷心感謝他們耐心指引之外，更感激他們的善舉給我帶來的那種美妙感受：原來問路也可以變成一種「享受」！試想：一個國家，舉國上下助人為樂蔚然成風，把最平常的問路行為，悄悄變成一幅幅優美動人的人文景觀，使問路者消除困惑，指路者樂此不疲，問者滿意，答者快樂。此情此景，你能置身其中，且親獲其利，難道不是一種獨特的享受嗎？

顧客真是上帝

上世紀八〇年代在駐伯爾尼使館工作期間，由

於主管辦公室工作，我與瑞士的一些商店和服務行業打交道甚多，其從業人員的誠實守信、服務至上的經商之道，常常讓人感佩不已。他們力求以上乘產品和優質服務征服顧客，真心實意地把顧客當作上帝對待。其中的故事俯拾皆是，現僅舉幾例略述如下。

故事一：誠實的玻璃店主

一次，在伯爾尼一家玻璃商店為一批供展覽會使用的鏡框配玻璃時，由於書寫習慣的差異，我們給出的尺寸數據被店方誤解，致使近百塊已切割好的玻璃無法使用。我心情忐忑地去找店老闆協商解決辦法。老闆聽完原委，二話沒說就一口答應馬上重新配製，保證不誤工期，還主動承擔責任，不再加收任何費用。他同時坦言，這些玻璃板對顧客來說已是無用的廢品，而店方則可用來製作其他尺寸更小的產品。面對如此誠實的老闆，誰會拒絕成為他的忠實客戶呢？

故事二：急人之困的修理行

當年，彩色電視機還是一種希罕物。有一天，使館公用的唯一一台彩電突發故障，緊急送到修理行後，被告知收活太多，需等數日方可。在我們一再請求下，老闆打開機殼檢查，發現並無大礙，只是一個小零件壞了。他立即告訴我們送修的師傅，可到該行的報廢電視機庫房裡去找相應零件，自己

拆下來換上即可。就這樣,沒花一分錢修好了電視機。這位師傅後來逢人便說:這樣的商店才真正是急人之困,而不是趁火打劫。

故事三:睿智的手錶廠

三十多年前,手錶在中國尚屬高檔進口消費品,是出國人員允許帶回的「免稅大件」,因此,不少從瑞士過境的人常常求使館代修手錶。錶廠為了保持在中國市場的地位,一般也願意承擔必要的返修業務。他們對維修工作極為認真,不論大小毛病,總能妙手回春。很多廠家一再表示對中國懷有特殊感情,不忘恰在他們面對一片蕭條的世界鐘錶市場而一籌莫展之時,是改革開放的中國用大批訂單解救了他們,使他們免遭破產之災。

記得有一回,一位多年前的使館工作人員轉來了一塊早已絕版的名牌手錶求助,我抱著試試看的態度送給了生產廠家,請其酌處。未承想,沒過幾天就收到了回信,稱此表已無法修理,廠方決定徵

一九八四年二月六日,中國使館人員參觀梅花錶廠。

用為廠史展覽文物，並隨函寄送一塊檔次相當的新款手錶作為答謝。如此圓滿的結果自然令手錶的主人喜出望外，知情者也無不對錶廠的睿智之舉深表嘆服，稱讚這恰恰彰顯了瑞士鐘錶文化中顧客至上的深邃內涵。

故事四：幫助顧客省錢

大約在一九八六年，我駐伯爾尼使館擬實施兩項內部維修工程，一是兩側連接山坡上下兩棟建築的小路年久失修，台階損毀嚴重，亟待翻修；二是舊樓水、電管線老化，必須更換。但國內批准的經費有限，初步估算，執行起來頗有難度。後經多方詢價，貨比三家，分別選中了兩家公司，與其反覆協商，精打細算，確定了理想的施工方案，最後如期完成任務，既保證了質量，還結餘了經費。使館及部派的四人維修小組受到表揚，而維修組的師傅們卻說，最該表揚的應該是瑞士的兩家施工單位，是他們替咱們省了錢。

事情的確如此。負責修路的一家建材公司現場勘察後表示，他們有現成的大理石、花崗岩等高檔板材，但並不適合使館的陡坡露天路面，唯有碎鵝卵石面的水泥預製板才能防滑、防凍，既堅固又安全。僅此一項建議就節省了一大筆費用。更換電路工程的主要開支是人工成本，承包工程的一家電料行發現使館維修組的兩位電工師傅技術水平不錯，就主動提出了對我方完全有利的方案：中方施工，

瑞方供料並予免費諮詢，連造價頗貴的核心配電盤的組裝也以中方為主。這樣一來，又省下了不少錢。四位工人師傅完成任務回國前表示，瑞士公司首先考慮的不是自己如何多賺錢，而是如何為顧客多省錢，你不能不佩服。

故事五：拒收禮品的官員

一九八二年聖誕節前，使館按慣例派人走訪一些相關單位，餽贈一點小禮品，感謝一年來對方的友好合作。在伯爾尼市交通局負責頒發汽車駕照的專家處，我們受到主管官員的熱情接待。但當我們拿出備好的幾件小禮品後，對方馬上從中挑出了幾本掛曆放在桌上，而將其餘的幾件中國煙酒茶等原封不動地還給了我們，並十分抱歉地說，他們單位嚴禁收禮，不然的話，便根本無法保證交通執照的嚴肅性和合法性，整個交通安全也就無從談起。他表示將會把掛曆分給幾位同事掛在辦公室內，以表達對中國使館的感謝。

第一次遭遇「送禮難」的我們，此時此刻難免有些愕然，除了由衷地表示完全理解外，充滿內心的唯有無比的敬意。

友城公投見民心

在我第一次到瑞士工作的一九八二年，中國昆明市與瑞士蘇黎世市締結了友好城市關係，兩市之間的文化交流和人員往來隨之日漸頻繁，大大推動

了兩地人民的相互了解和各個領域的實質性合作。當我一九九八年再赴蘇黎世就任總領事時，雙方在城市供排水、交通及城市總體規劃、電力供應、舊城改造和文物保護、醫療和教育交流等方面的合作已頗具規模，成為中國對外友好城市的成功範例之一，對中瑞兩國整體關係的發展也發揮著積極的促進作用。

但與此同時，我也覺察到逐漸有質疑和責難之聲見諸報端，甚至在市議會也引起了激烈爭論。至二〇〇〇年八月，部分友城的「反對派」發起了於當年十一月二十六日舉行的全市公民投票。

其實，這場風波的實質是蘇黎世政界內部的黨派鬥爭，「反對派」拿友城關係說事並發起公投，是完全選錯了對象。他們的主要論點如「友城是單行線」、「浪費納稅人的稅款」等，都是根本站不住腳的，既不符合友城合作項目互利互惠的一系列事實，又違背了瑞士人民友善好客、崇尚外交服務的傳統，自然遭到各界人士的批駁。市政府官員、

二〇〇〇年四月五日，蘇黎世市長埃斯特曼和副市長瓦格納（右1）到總領館做客。

議會黨派、社會團體、經濟機構和廣大市民紛紛站出來表態，一致對友城關係表示聲援，反對把好端端的友城關係濫用為黨派鬥爭的籌碼。不少人給我總領館寫信、打電話，坦言為某些人竟然企圖拒絕昆明人民伸出的友誼之手而感到羞恥。「反對派」陣營慢慢發生分化，許多人表示原本並不反對友城。三個多月的較量使「友城派」的聲勢一天天壯大，最終於十一月二十六日大獲全勝，贏得了接近百分之六十五的罕見高票。在雙方共同努力下，昆蘇友城關係經受住了一場嚴峻考驗。

如今再次回憶起十五年前的友城公投，昔日的一幕幕情景仍歷歷在目。那些縱橫捭闔、辛勤操勞的市政府各級官員和議會議員，那些高瞻遠矚的經濟金融界巨頭，以及那些仗義執言的社會團體人士，他們的身影一個個浮現在我眼前。與他們一起出現的，當然還有為數更多的「瑞士好人」，那些素不相識的街頭指路人、誠信的商店員工、智慧的工廠經理和無數從未謀面的「友城派」朋友，他們來自基層，最能代表民意，是對外友好合作最堅實可靠的基礎，是友城關係的天然支持者。

在此，請允許我對上述所有朋友致以親切問候，衷心感謝你們當年的慷慨支持和卓有成效的合作。誠然，我的同事已換了一茬又一茬，你們的崗位也更新了一代又一代，然而，我們和你們的共同目標卻永遠不會改變，那就是悉心呵護中瑞友誼之花永遠燦爛綻放！

生命中的喜悅和體驗

——一九七二到一九七四年
作為語言專家在北京的經歷
鮑愛樂　鮑越
（瑞士社會學家）
王　錦譯

漆黑的夜晚，蒼白的月色。十字路口那幾盞發出昏暗燈光的路燈下，幾位農民圍坐在一起，打著撲克牌。我們在中國的首都並沒有看到很多東西。作為為數不多的旅客，我們於二十一點左右降落在首都機場——此前必須在上海轉機，因為首都機場無法起降大型飛機。這是一九七二年六月二十七日。

為期兩年的旅行結婚

幾週之前，我們剛剛結束了在德國布賴斯高的弗裡堡大學社會、國民經濟和政治專業的學習。從伯爾尼的中國駐瑞士大使館獲得簽證，併購買了兩張前往北京的單程機票後，我們於行前四天舉行了婚禮，並和家人們告別。三天后，我們經巴黎、雅典、開羅、仰光抵達上海。中國和西歐國家之間當

時還沒有直航的航班，西歐國家每週也只有兩趟航班飛往中國。飛機上只有幾位外交官。商務人員一般經香港飛往中國內地。那時前往中國的遊客很少。

一九七二年的世界仍處於混亂中。在雅典機場可以看到希臘軍政府的士兵荷槍而立；在開羅機場，坦克環繞在飛機周圍；在仰光，我們第一次被允許走下飛機，機場的臨時木板房幾乎無法遮風擋雨。中國也是一片混亂，「文化大革命」尚未結束。我們能在日常生活中感受到這些，儘管當時的人們對我們外國人展示的是一個完美的社會主義國家。

「文化大革命」前到中國的語言專家主要來自東德，中國的科學家和大學生大多也在東德積攢他們的國外經驗。五〇年代末期，來自東歐社會主義國家的技術人員撤回去了；再後來，「文革」的開始也影響到大多數語言專家，只有少數幾位得以在「文革」中「越冬」。之後，西方資本主義國家的專家也來到中國。我們就是在這個發展階段中第一批抵達北京的、來自西方資本主義國家的人員。

沒有偏見，但有一點天真

我們當時對中國有一點了解，部分是關於中國的歷史——在大學裡，我們寫過有關清朝末期中國社會狀況的論文——以及社會革命，還有一些關於文學和文化，幾乎沒有研究風俗和常識。在西方國

家，一方面流傳著諸如「藍螞蟻」「紅寶書」的口頭禪，另一方面，理想化的報告裡是關於「大躍進」以來的經濟增長、「自力更生建設社會主義」，或者通過「文化大革命」走向一個更美好的社會。我們還從毛澤東的小紅書裡知道，革命不是請客吃飯，不是繪畫繡花。

我們被邀請來到中國，在中國教授我們的母語——德語，對中國的德語專業人士的翻譯文章進行修改、潤色，使其精益求精。這些日常生活令我們著迷，並讓我們意識到我們必須要學的東西。可惜，我們的中文停滯不前。教我們中文的黃老師很有耐心。他對於那些來自世界各地的「不遵守紀律」的學生幾乎絕望了。這些學生在緊張地工作了一天之後，只能靠幽默翻越中文的高山了。當我們成功地學完第一本書，能夠流利地閱讀後，最好的學生已能磕磕絆絆地朗讀第二本書的文章了。第二本書只有中文課文，文章下面不再有拉丁式的漢語拼音。黃老師當然只讀上面的文章，不理解我們為什麼弄不懂：「同志們，上週……」但我們手中拿的還是上一本書。

我們在《北京週報》和北京大學工作。人們都願意從我們這裡提高他們的德語水平。所有的外國專家都居住在友誼賓館（該賓館由蘇聯建築師為蘇聯專家建造），我們在那裡說英語和法語。

我們的中國同事很友好，也很樂於助人，但是太拘謹。因為一方面領導從政治角度考慮，不希望

看到他們和外國人有太深的關係，另一方面我們當時在北京算是鳳毛麟角的外國人。這裡相比瑞士，完全是另一個世界。除此之外，在「文革」期間，發表口頭言論是要很小心的。人們在這段時期的不當言論與處世方法經常被嚴厲地批評或遭受處罰。儘管如此，我們的同事還是很想多了解我們的。

歐洲人和中國人逐漸地相互信任起來。尤其因為我們不屬於任何團體，既不相信世界革命，也不懷疑中國走社會主義道路。我們和當時的同事們確實產生了友誼，並一直延續至今。我們在瑞士的家中歡迎過許多當年的老同事們。每次去北京的時候，也一再受到他們的熱情接待。對此，我們深感慶幸。

去中國之前，我們對將要進行的工作所知甚少。我們問到工資待遇時，中國駐瑞士使館的外交官告訴我們：「夠用」。我們接受了。事實也確實如此。我們在《北京週報》的辦公室和北大體驗了幾天後，可以選擇在哪裡工作。愛樂傾向於去北大，鮑越因為在瑞士有在編輯部工作的經驗，他選擇去《北京週報》。我們當時沒有意識到，但是間接地感覺到，同事們很不習慣的是我們這麼年輕——愛樂二十四歲，鮑越二十六歲——就作為「專家」受到大家的尊重。對此我們一無所知，無拘無束。

北大

愛樂教授大三學生德語，他們之前已經學習過兩年德語了。她幫助起草教案，回答講師們的提問，每週作一個關於西德和瑞士社會、經濟、文學、地理、歷史和日常生活的報告。所有的聽眾都很感興趣，聽報告時聚精會神。但是對愛樂來說，幾乎沒有什麼可供利用的資料。她必須憑藉在學校和大學裡獲得的基本常識來講課。當時還沒有互聯網。德語的雜誌如果能送達的話，也是延遲很久才到。圖書館仍然關閉。有人找到了系裡的鑰匙，可以打開頂樓的門，那裡有許多沾滿灰塵的外文書籍。

大三的二三十名大學生非常勤奮、好學，幹勁

十足。但是所謂的工農兵大學生們來自工廠、人民公社或者軍隊，他們的水平參差不齊，大多數沒有上過什麼學，因此儘管非常努力，仍要花費很大的力氣學習德語。另外一部分學生在很短的時間內掌握了大量的詞彙，很快就可以流利地講德語了。

北京週報

　　鮑越在《北京週報》的德語部工作。德文版《北京週報》是對德語區國家公開發行的週報，鮑越負責改正文章中的錯誤。中國的同志們——當時的稱呼，人們也這樣稱呼我們——把關於外交、內政、科技和藝術的文章翻譯成德文。鮑越的參考文章是英文的。他不懂中文，英文文章是標準文章，而《北京週報》的領導會英文，這樣就保證文章的內容不會有嚴重的錯誤。還因為根據以前的經驗，不這樣做，有可能產生破壞性的後果。

　　只有當鮑越認為英文文章中的句子沒有意義時，他才會仔細研究中文原稿。例如有一篇文章中提到，北京每天產生「二千七百萬噸」垃圾。鮑越認為，這意味著平均每個北京居民每天產生三噸垃圾。他和同事計算，運送這些垃圾至少需要一百萬輛大卡車。他的同事雖然像很多知識分子一樣，對數字沒有什麼概念，但同意了他的說法。結果發現是中文的原文中出現了錯誤：是「二千七百噸」，不是「二千七百萬噸」，那個多出來的無辜的「萬」

鮑愛樂（前排左6）和北大的學生在未名湖畔合影，一九七三年。

字造成了混淆。

翻譯們的水平參差不齊。有幾位像高速火車一樣，嗒嗒嗒地翻譯文章，特別是涉及外交方面正式的、不透明的內容；另外一些翻譯花好幾個小時才能譯完一小篇文章。鮑越常常要花費大量的時間，努力弄清楚文章中的一些句子是什麼意思。

鮑越工作非常緊張，注意力高度集中。他常常在看到文章的結尾時，已想不起來開頭是什麼了。同時，翻譯們經常因為向他提問而打斷他的工作，這樣他們才能繼續翻譯下去。文章印好後，還可以再作修改。但是同樣的事情需要再做一遍。儘管如此，鮑越在他停留在北京的後期，每天作為翻譯（譯自英語）為報社工作半天，還在北京電台作為德語老師工作半天。當他兩年後非常疲勞地回到歐洲後，他在《北京週報》的百分之八十（非全職）的工作量由三個全職工作人員承擔。當然，鮑越得到了老一輩德國人和奧地利人的支持。這些人部分在中國已經生活了十幾年，經歷了「文革」的風雨。和他們的相識非常有意思。和同事們共同承擔艱苦的工作，使我們成了好朋友。我們經常在一起大笑。

像楊貴妃一樣泡溫泉

我們作為外國人，在中國相當孤立。當時在北京只有二百位外國專家和數量很少的外交官，因為

中國還遠遠沒有與世界上的大多數國家建立外交關係。瑞士駐華使館有幾位外交官，還有幾位經歷「文革」的雙重國籍人士，除此之外，我們是僅有的在中國生活的瑞士人。我們也享受了很多特權。相對在歐洲的水平來說，我們的工資不高，但相對於我們的中國同事來說，我們掙的至少有他們的十倍多。我們可以說能買北京商店裡陳列的任何東西。

業餘生活很單調。如果我們去餐廳的話，必須六點鐘開始吃飯，因為最晚七點半餐廳就關門了。晚上九點後，整個北京死氣沉沉。舞台上只演出由江青選的幾部樣板戲。觀看雜技演出和運動會是另外的休閒方式。我們可以看朝鮮電影放鬆，裡面的演員總是哭哭啼啼，或者為銀幕上的理想主義革命英雄而感到痛苦。我們還在北京最大的體育館裡親自領略了周恩來演講時的風采。

另外，我們可以參觀一些單位，這是其他外國遊客們無法做到的。我們參觀幼兒園、學校、大學、煉鋼廠、機械製造工廠、油田、人民公社、農戶、軍事單位等。我們可以與各單位的領導討論他們遇到的問題。我們還可以參觀仍然對公眾關閉的博物館、公園、展覽、風景區。在故宮、天壇、頤和園或者八達嶺的長城上，我們和陪同人員幾乎是唯一的一批訪客。在博物館裡，我們可以近距離地觀看展品。在西安，我們甚至可以在唐朝的楊貴妃出浴的華清池裡獨自泡溫泉。

在異國他鄉做異鄉人

　　我們到處被當成展品。當愛樂在大學裡騎車穿行時，來自四面八方的呼聲「外國人」包圍著她，騎車的人們扭頭偷看她這個「大鼻子」，完全不顧自己有可能會撞到什麼東西。我們在城裡買東西的時候，其他顧客會給我們提一些有價值的建議：哪種料子更好，或者哪雙鞋我們必須得買。在西安老城裡，我們引發了一場集會：圍繞鼓樓的大廣場上，人們擠得水洩不通；公交車停下來，以便司機能安靜地觀察我們；一群中學生（當時正好是暑假期間）跟著我們進了一家書店，以致於店員不得不關上大門。

一九七三年，我們在到西部的旅行中到達延安。延安曾是紅軍在長征後抵達的地方。我們還到了「文革」中的模範村——大寨。在此之前的秋天，我們花兩天時間參觀了位於河南北部的新建的紅旗渠。那時我們就了解了中國的農業情況，並清楚地意識到當時的農村和首都北京的巨大差距。中國是一個發展中國家，這不僅僅是如它自己認為的，也不僅僅是我們在書中看到的。農村崎嶇不平的泥濘道路、商店裡匱乏的物資、工廠裡簡陋的工具、落後的衛生條件和挨著理髮店的牙醫診所等，這些都讓適應了西方國家生活水平的年輕的外國人倍感驚訝。因此，我們今天格外訝異於中國在過去短短的三十到三十五年內的巨大發展。

延安對於革命者來說曾是革命聖地，看上去自從四〇年代以來就基本上沒有什麼發展。這裡有很少的貧瘠的黃土地，卻要供養越來越多的人口，農村的社辦企業無法發展。大寨是中國農業學習的榜樣，它除了高高的玉米和由於得到北京的津貼而新建的房子以外，沒有其他可以展示的。這個印象也在三年後我們參觀北方的大慶油田時得到進一步的驗證——大慶是中國工業的典範。

我們回到了北京，一年之內它已經成為我們故鄉的一部分。這種狀況持續至今，儘管北京幾乎完全變了樣子，我們始終沒有變化。

經香港返程回家

儘管我們很想繼續留下來，但是理智告訴我們，我們應該回歐洲安頓我們的生活。整整兩年後，我們離開了北京。由中國同事們陪同到廣東，途中經過了上海、江西、長沙和廣州，然後抵達香港。在香港，我們也體驗了文化差異——另一種的文化差異。我們步行經過位於稻田中的羅湖橋，今天在深圳已經找不到它了。經過了在中國的——不僅是在鄉村，而且也包括首都——慢節奏的生活，我們到達了一個「大都會」：高樓、高速公路、擁堵的交通、喧嘩。當時的香港和今天相比，就像是來自另一個世界：最高的高樓是康樂大廈（今天的怡和大廈），當時位於海濱；接著是原中國銀行的大樓，這座樓如今淹沒在高樓大廈中，人們只有知道它位於哪裡，才能找到它。每當我們告訴人們我們來自中國時，他們都會不信任地、驚訝地、不可

思議地注視著我們。「紅色中國？」有些人還會追問道。作為英國的殖民地，香港當時是冷戰的前沿，一如西柏林。

我們享受這座西式城市裡的一切，去咖啡館，看展覽和電影。經過短暫的飛行，途經泰國、緬甸和尼泊爾之後，我們在印度北方乘坐火車和汽車，經巴基斯坦、伊朗、土耳其和敘利亞回老家。在經過這些亞洲國家的旅行途中，我們明顯地感覺到，中國雖然也是個貧窮的國家，但那裡的社會差別要小很多，基本需求如吃飯、居住和醫療都有保障。至少在城市和郊區，所有的孩子都能上學。

儘管我們只在中國度過了兩年的時光，我們仍需要時間重新適應在德國的生活——我們的目標是在德國完成博士學習。對中國的印象持續影響著我們。那一段時光至今留存在我們的記憶中。我們寫書寫文章，舉辦有關在中國生活、居住和工作的報告會。德國和瑞士的很多人想知道中國看上去是什麼樣子的，他們對中國人、中國的社會和文化很感興趣。幾乎還沒有人到過中國，去中國旅遊才剛剛開始。在友協的框架下我們組織聚會和旅行，放映來自中國的電影，邀請中國的文化代表團。

中國還是中國，中國仍然保持中國特色

一九七六年，受到中國對外友協的邀請，我們才有機會再次訪問中國。我們很高興能夠再次拜訪

老朋友，參觀新的景點。我們能夠感受到周恩來去世後、毛澤東逝世前的緊張氣氛，中國像是癱瘓了一樣。此後，在遠離中國的地方，我們關注著中國的發展：毛澤東的去世、「四人幫」的下台及對他們的審判、「四個現代化」的政策、中國的改革開放和前所未有的經濟繁榮。

當我們一九八四年決定再次到中國旅行的時候，剛從中國回來的遊客和我們在瑞士生活的中國朋友告訴我們：「你們會認不出中國來了。」果真如此。我們驚訝於新蓋的房子、新鋪設的道路、快速增長的交通、新的酒店，尤其是我們的朋友們越來越好的生活。我們到他們的新居去做客，受到熱情的接待，和他們激烈而且公開地討論發展的問題。

但是，我們很快就重新認識了中國：政治、經濟和社會雖然經歷了重大的變革，但是人們沒有怎麼變化。所有的人都想富裕起來，但是仍然為了一個目標——讓他們的孩子生活得更好。孔子的道德標準（也包括束縛）又變得重要起來，傳統再次受人喜愛，愛國主義和歷史覺悟又贏得了重要的意義。同時，國外的影響日益加深：互聯網、出國旅行、在國外學習，經濟、科學和文化的交流更是促成了種種改變。

經濟和文化方面的變革是巨大的 —— 相比之下，政治方面少一些。這其中的許多變化令我們很欣喜。首先，中國的經濟取得了巨大的進步，這一

鮑愛樂、鮑越夫婦近年重返中國時留影

點很重要。經濟繁榮把大多數中國人從貧窮和落後中解放出來，但也帶來了新的問題：空洞、隔閡、家庭的分離、社會壓力、貧富之間和城鄉之間日益增長的差距、腐敗，另外還有環境問題。然而令人讚嘆的是，中國人如何在發展經濟的同時，解決了幾乎不可征服的難題。

當毛澤東在一九七三年詢問一位華裔諾貝爾獎得主中國經濟是否有可能在二〇〇〇年超過英國時，我們當時為如此天方夜譚般的設想而搖頭。而今天，中國需要面對的更多的卻恰恰是因發展過快所帶來的問題，包括抑制人們對經濟發展片面和過度的追求衝動。

我們理解，中國人民的問題將由他們自己解決。我們堅信，他們做得到這一點。

即便中國改變了很多，尤其是從外表看上去，但它始終還是中國，並將一如既往保持中國特色。

在瑞士的難忘歲月

徐希忠

（中國前駐瑞士使館文化秘書、駐突尼斯使館
文化參贊）

上世紀七〇年代初，我被派往中國駐瑞士大使
館做文化交流工作。瑞士朋友和這個國家的政治、
經濟、文化等方面給我留下難以忘懷的深刻印象，
至今記憶猶新。

瑞士國土不大，只有四萬多平方公里，有山有
水，山中有水，水中有山，山水環抱，青山碧水，
風景如畫。人口也只有七百多萬，但國民收入居世
界前列，人民豐衣足食，生活安定。

我給瑞士聯邦委員、外交部長讓座位的故事

瑞士系聯邦制國家，全國七位聯邦委員分任七
個部的部長，並輪流擔任聯邦主席。一九七七年，
聯邦委員奧貝爾任外交部長。有次，瑞士外交部組
織外國駐瑞士使館外交官去外地參觀。據瑞士外交
部的通知，各國使館外交官先乘本館的汽車到瑞士
外交部廣場，再換乘外交部事先準備好的大巴車前
往參觀地點。當各國外交官們陸續上了大巴車後，

瑞方外交部陪同官員也隨後登上了大巴。因事來晚的瑞士外長奧貝爾最後上車時，已經沒有座位了。他帶著歉意與車上的人們微笑著打了招呼後，就站立在車中。這時，我們大使見他年齡已大，示意我站起來給他讓座，但他說什麼也不坐下，一直站到參觀地點。

親歷瑞士的直接民主

有一年四月底的星期日，我們使館外交官被邀請去阿彭采爾州觀看直接民主選舉——「廣場集會」。大家都很高興，因為這種古老的選舉方式在世界各國已不多見，至今也只有在瑞士少數幾個州保存了下來。

當我們到達阿彭采爾後，只見人們從四面八方湧向阿彭采爾廣場，人山人海，約有數千人；四周圍觀的婦女、兒童和旅遊者也有數千人，場面蔚為壯觀，著實是當地的重大節日集會。廣場中有選舉權的男士們（當時婦女無選舉權）穿著節日服裝，腰間掛著一把裝在漂亮的鞘內的刀，很自豪地在人群中走動。上午十時，會議正式開始。大會有二十餘項議程，逐項進行舉手表決。大多數選民都毫不猶豫地舉手贊成。遇有少數選民反對時，主持人允許他們陳述反對理由，會很和氣地表示接受並進行復議。

兩個多小時過後，全部議程順利進行完畢，新

的州政府班子產生了，人人喜氣洋洋。下午，廣場變成了兒童和婦女們的遊樂場地，而阿彭采爾所有的餐廳、酒吧和咖啡館則成了家庭親友團聚的地方。此時此景，讓我真實地看到了瑞士這種充滿節日氣氛的、特有的民主選舉方式，真是大開眼界。

瑞士朋友介紹全民皆兵的情況

瑞士於一八一五年被歐洲大國公認為「永久中立國」。在歷次世界大戰中，瑞士嚴守中立。但是瑞士政府為了國家和人民的安全，仍然保持高度的警惕，實行兵役制，十分重視全民國防。凡是二十到五十歲的適齡男子，都必須服兵役。不願服兵役的成年男子要繳納免役稅。在服兵役期間，根據每人的具體情況進行軍事訓練。在訓練中就定好兵種、級別及第二年的服役地點和部隊番號。服役期滿後，可帶著自己的全部軍事裝備如槍枝、彈藥、防毒面具及軍裝等回家。到第二年規定的時間，要帶上全部軍事裝備去報到。退役者平時可以到市區、鎮訓練場地進行射擊訓練，並接受當地有關部門對武器等裝備的嚴格檢查。

有位瑞士教授是醫生，在服役期間既搞軍事訓練，還要做醫務工作。此人曾訪問過中國。回瑞後，他盛情邀請我們文化處的同志去他的小別墅做客。這座小別墅並不那麼豪華惹眼，比較普通簡單。他介紹說房子是新蓋的，有地下室。他招待我

們喝完咖啡後，就帶領我們到地下室參觀。首先迎面看到的是地下室牆上掛了不少軍用品，如槍枝、軍用背包、子彈袋、防毒面具及軍裝等。他高興地說，如此軍用裝備有兩套，一套是他兒子（大學生）的，這套是屬於他的。他順手從牆上取下擦得發亮的手槍，很熟悉地擺弄給我們看。還說，如果他是小炮手，還可以扛小炮回家。我們參觀完後，大家紛紛稱讚他的地下室。他帶著掩飾不住的驕傲表情說：在瑞士，所有建築都必須建地下室，國家負擔部分費用，並要求在地下室儲備能用一段時間的食品、飲料等，以備萬一發生戰爭時使用。當時我想，瑞士有一百六十多年沒有發生戰爭，而且又是世界公認的「中立國」，卻有如此強的備戰備荒意識，令人佩服。

人人都有環境和文物保護意識

瑞士在國際上被稱為「世界花園」。剛到瑞士時，我近看遠看，到處都是一棟棟各式各樣的二層小樓，很少見高樓大廈。每棟小樓間隔不遠，房前房後及左右都種著各種樹木，有開花的，有結著果的。綠油油的草坪上開著紅、黃、白的鬱金香花，像一塊漂亮的大地毯鋪在院內。還有引人注目的樓上樓下窗檯上擺放的各種鮮花，鮮豔奪目。據說，一年四季都有適應不同氣候的花開放著，「世界花園」名不虛傳。

有時，我走在大街上，也很難看到髒土垃圾。家家戶戶都干乾淨淨，沒有煙頭、紙片、痰跡、樹枝及雜草之類的東西。瑞士人處理垃圾，會按規定日期，分類將垃圾有序地放在門外人行道旁，等待垃圾車運走。

有一天，一輛警車開到我們使館門口，我們傳達室值班人員很驚奇地問：警察先生，發生了什麼事？警察很禮貌地說，「鄰居說你們使館院內冒煙污染了空氣，影響環境衛生，請你們今後不要在院內燒任何東西。」之後，我們才知道是使館花工將枯樹葉集中起來點火燒，鄰居看到後打電話報警，才引來警察提醒。鄰居還建議我們，把院內角落處放著的那個廢舊不用的旅遊拖車拉走，說是影響美觀。

由此可見，瑞士人是非常重視生態環境保護的。

我們下班後，經常到附近的河邊散步，岸邊茂密成蔭的樹林中經常能看到翹著麥穗一般尾巴的小松鼠在樹枝間跳來跳去。有人經過時，它們就飛快地跳下來到人跟前要吃的，一點都不怕人。岸邊常有幾隻野鴨子，扭著笨重的身子在馬路上一搖一擺地邁著四方步慢慢行走，後面跟著一輛小汽車，也慢慢地跟著鴨子一點點移動著，不去趕它們。當鴨子拐彎走了，小汽車才快速開走。

我們有位教授朋友，是海豚專家。有一天，他請我們去他家做客。他訪問過中國，對長江中江豚逐年減少感到非常痛心。他說，減少是人為造成

的，原因是長江兩岸施工把江豚嚇跑了，並說，江豚是很膽小的水中動物，很聰明，人們應很好地保護它才對。接著，他讓我們參觀了他房間中擺設的海豚骨架，以示為榮。

另外，有瑞士朋友對北京又高又大的古老城牆被拆掉感到萬分惋惜：北京擁有那麼好的大城牆，人們應引為驕傲，你們拆掉它，今後會非常後悔的，這是花多少金錢也再買不到的文物。

文明禮貌處處可見

我們在使館辦公，住宿則在使館附近租房。每天上下班，都要經過使館附近的一條狹窄小胡同。我經常在這條小胡同裡與一個六七歲的背著書包的小男孩相遇。每次相遇時，小男孩都主動向我問好。因胡同狹小，我下意識地閃一下身子讓他順利通過，他總是說聲「謝謝」。

有次，我們去拜訪一位瑞士朋友，在大街上不知路途如何走，問到一位走路的男士，他很和藹熱情地指明如何如何走後，看我們仍不明白，就乾脆坐上我們的車帶我們去目的地，然後他自己再花錢坐車回家。

我們還有位瑞士朋友，曾幾次訪問中國。他盛情邀請我們去他家做客。他家離伯爾尼大約四五十公里的路程。那天天氣特別好，蔚藍澄澈的天空一望無際。在和煦宜人的陽光下，我們愉快地開著

車，不久就到了他家。這是一座簡單又整潔的房子，全家三口人在房前熱情迎接我們。進大門後，尚未落座，他迫不及待地讓我們參觀他家的大廳。啊！大廳中擺設的全是中國古典家具，如紫色的大方桌、圓圈座椅、小茶几、地毯及幾幅古老的字畫。我當時就想，這位瑞士朋友怎麼這樣喜歡中國古老文化？真是少有呀！由此，我們和這位朋友的距離一下子拉近了許多。

午飯時間到了，主婦早已在餐廳中把每人使用的餐具刀、叉、勺及盤子按照人數擺放妥當。我們坐在各自的座位上後，主婦很利索地開始分餐到每人盤中。食物非常簡單，都是土豆、白菜、奶酪及面包之類，不像中國豐盛的大魚、大肉、大蝦。眼前這頓洋餐，沒能引起我們的食慾，但出於禮貌，也不得不裝模作樣地吃。旁邊那個八九歲的小男孩卻吃得津津有味。一會兒，小男孩先於我們吃完了盤中食物，接著不好意思地用請求的口氣問他媽媽：「媽媽，我還能再吃點嗎？」媽媽笑嘻嘻地很快又給他添了些。旁邊的爸爸笑著對我們說：「他是我們家的小飯桶！」大家都含著愛意笑了。

有次在大街上，我看見一位走在我前面的老人將腳下一把不知誰丟的雨傘撿起來，很認真地掛在人行道邊的柵欄上，然後繼續走他的路。還有一次，我看見有個十三四歲的男孩把沒有鎖的自行車靠在牆邊，過了幾天，我又經過此地時，那輛嶄新的自行車仍放在原處。還有一次，我去商店買幾支

一九七四年，蘇黎世對華友好協會主席莫尼卡（左2）邀請中國大使館人員郊遊。（右1為徐希忠，右3為趙黎莉，右4為許穎之，左1為王慶忠）

圓珠筆，售貨員微笑著將圓珠筆交到我手上，還贈送了兩支，我恭敬地說了聲「謝謝」。

以上種種現象，不管老人、小孩，男的、女的，都很文明禮貌。另外，我也從未在公共場合遇到過吵架罵街現象。這些都給我留下了深刻印象。

意重情深的友誼

一九五〇年九月十四日，中瑞兩國建立了外交關係。六十五年來，兩國政府和人民間的相互了解和友好往來日益加深。對此，瑞中協會、瑞士對華友好協會、認識中國社和許多瑞士朋友作出了突出的貢獻。

在上世紀七〇年代，我認識了一位對華非常友好的朋友，叫莫尼卡，二十多歲，在一家建築公司上班。她訪問過中國，熱愛中國和中國人民。她在

公司每天只上半天班，其他時間全部用於對華友好工作和照顧自己年幼的兒子。中國人民對外友好協會代表團訪問蘇黎世期間，她自始至終不辭辛苦地接待和陪同，最為忙碌。為了不影響代表團的訪問順利進行，她時常把三四歲的兒子帶在身邊。大家開玩笑地說：莫尼卡的兒子也成了瑞中友好協會的會員了。

她的真誠、友好和熱情令我們十分感動！

關於瑞士語言的二三事

多　佳

（中國駐瑞士大使館政治處主任）

　　在瑞士工作已逾四年，仍能記得臨赴任時心懷的幾分忐忑，是因為瑞士這個獨特的歐洲小國的語言。一方面，德語是約百分之六十三的瑞士人的母語，但他們在日常生活中使用的口語也並非標準德語，而是瑞士德語（Schwyzerdütsch）。就算是學德語專業的人，初來乍到也難聽懂。另一方面，瑞士語言眾多，國家語言有四種：德語、法語、意大利語和列托羅曼語。常言道，語言可以體現思維方式和民族性情。與不同母語的瑞士人打交道，想必不如與單一語言民族國家打交道那樣相對簡單。

　　幾年來，我因工作關係走過了瑞士一些地方，

多佳在伯爾尼出席外事活動時留影。

結識了一些瑞士人，和說不同語言的瑞士人經歷了一些事情。僅記下一些關於語言的趣聞和幾點孔見，與大家交流分享。

我們從德語談起。儘管杜登出版社出版了一本薄薄的《瑞士標準德語》，但在被問及是否確有標準瑞士德語時，幾乎所有瑞士友人均予以否認，反而認為所謂「瑞士德語」只是概論。實際上，瑞士德語區各地都有自己的方言，比如伯爾尼德語、蘇黎世德語、巴塞爾德語、格勞賓登德語等，很像瑞士這個山地國家的氣候，「各鄉說各語，十里不同天」。例如，問好時伯爾尼人習慣說「Grü-sach」，蘇黎世人習慣說「Grü-zi」。各地人針對不同地方的方言亦互相講笑攻訐，如伯爾尼地區德語經常因語速慢被「吐槽」。而在外漂流的遊子或是闖蕩南北而導致鄉音難辨的瑞士德語，會被戲稱為「老奧爾騰火車站德語」，因為奧爾騰（Olten）位於貫穿瑞士東西南北的交通要衝，人流量大，導致此地口音駁雜不純。仔細想想，瑞士的語言差異在深層次上反映的是語言歸屬感問題。山脈綿延阻隔這一獨特的地理條件既導致語言差異，也使瑞士人始終對各自的城鎮乃至鄉村抱有深深的歸屬和認同。反映在政治文化上，就是瑞士國家根本制度之一──各州高度自治的「聯邦制」（Föderalismus）。

瑞士全國基本以首都伯爾尼為界，以東的東部瑞士為德語區，以西首先是包括伯爾尼州在內的三個雙語州（德語、法語），而後是占瑞士人口約百

二〇一三年九月,多佳(中)陪同許鏡湖大使(左)拜會巴塞爾城州州長莫蘭。

分之二十二的法語區。據講法語的同事介紹,瑞士法語非但沒有像瑞士德語那樣自成體系且方言眾多,反而非常純正。弗裡堡州等鄰近瑞法邊境地區的法語,甚至頗有正統宮廷法語之風。追本溯源,想來可能是法國大革命期間赴瑞避禍的「遺老遺少」流傳下來之故。較少有人提及的是,其實瑞士法語區也零星散布著一些德語母語的村落,而這些德語村落則毫無例外地擁有自己的德語方言。瑞士外交部的一位來自瓦萊州德語母語山村的同事曾講過一則與此有關的外交秘聞。一次在國外的外交談判中,臨時出現緊急問題須請示國內,而身邊又沒有保密設施,他急中生智,因為知道需要聯絡的坐鎮中樞的主管同事與他同樣來自「法語區中的德語村」,同樣操著連講德語同事都難懂的「小眾」方言,於是他在普通電話線路上以獨特的語言實現了「自動加密」通訊,以堪比好萊塢大片《風語者》的方式圓滿完成了任務。提及此事,他言談中不乏對獨特方言體系的自豪。

關於分別占瑞士人口約百分之八和僅百分之零點五的以意大利語和列托羅曼語為母語的瑞士人，令人印象深刻的是這些「少數派」在國家政治生活層面的高代表性。為此，瑞士聯邦政府曾頒布相應的法律法規，確保四種官方語言的平等地位和聯邦政府工作人員語言的多樣性。聯邦政府各部門確定人事編制時，須明確規定不同母語人員的比例。實際上，為達到這一指標，聯邦公職崗位招聘時會在同等條件下優先錄用「小語種」人士。因此，在與瑞士官員的交往中，經常會有「你居然來自列托羅曼語區」的「驚喜」。在某次使館舉辦的晚宴上，一位瑞士外交官和一位瑞軍軍官結識並從對方姓氏上攀談起來：「你是否來自列托羅曼語地方某鎮某村？」「是呀，你也是？最近回去過麼？」「很久沒回去了，年輕人已幾乎不怎麼講列托羅曼語了。」諸如此類。作為旁觀者，我對聚居在格勞賓登州山區的列托羅曼語瑞士人之少，以致於彼此姓氏耳熟能詳不免訝異，同時也有了更直觀的認識。

在瑞士這樣一個多語言國家，僅說母語是不夠的。議會開會，最常見的是充滿「違和感」的各說各話，但互相能懂，交流無礙。聯邦政府公職人員除母語外，還須熟練掌握至少一門瑞士官方語言，瑞外交官能說三種以上外語的比比皆是。然而，瑞士人舉世有口皆碑的語言天賦並非單純的語言環境使然。實際上，「語言之爭」在瑞士一直存在，並集中體現在小學語言教學安排上。

多佳（中）與瑞士友人在少女峰鐵路換乘站。

根據歷史慣例，原則上德語州義務教育階段開設法語作為必修的第一「外語」課程，法語州則教德語。但隨著國際化和全球化的發展，瑞士東部一些州認為，儘早學習掌握英語更有利於年輕人的成才發展，希望將英語作為基礎教育的主要外語。為此，二〇〇四年，各州教育部長聯席會議協商達成共識（教育事務屬各州職權範疇），統一規定各州小學自三年級和五年級起分別開始教授第一和第二外語，其中至少一門為另一種國家語言，同時，各州可自主決定另一門官方語言或英語作為第一外語，以此確保不影響瑞士國家語言多樣性的傳承。近年來爭論的焦點是，一些州認為小學就教授兩門外語課業過重，效果不彰，主張只開設一門外語，這可能導致義務教育階段法語教學在已決定將英語作為「一外」的東部德語州的「出局」，在瑞士引起軒然大波。

瑞士主流輿論對忽視本國其他語種教學的做法

多佳應邀為瑞士民間組織作報告。

總體持批評態度。儘管瑞士崇尚各州高度自治，主管的聯邦委員不得不出面表態，稱有關州發出了錯誤信號，如有必要聯邦政府將出面協調。「聯邦插手各州事務」的口實可謂巨大政治風險——結果卻得到了社會各界的廣泛支持，足見瑞士聯邦政府對促進多語言文化發展的高度重視，以及多語言文化和諧共處作為瑞士國家特性之一，已成為根深柢固的社會共識。對此，瑞士人引以為豪並竭力維護。

　　由此可見，語言不僅事關思維方式和民族性情，更是國家特性的重要符號和國民認同感的重要標誌。我國同樣是多語言文化的國家，瑞士堅定推行維護國家語言文化發展政策的態度和做法可資借鑑。

文化差異與瑞中教育交流中的趣事

赫爾穆特‧萊辛

（瑞士因特拉肯中學前校長）

王　錦譯

在一九七八年初次踏上中國的土地時，我並沒有意識到，在接下來的數十年中我會一再訪問中國。偶然性，但同時也是在中學交流方面有針對性的邀請，使我被文化差異深深地吸引。每一次訪問都更好地加深了理解，相識和友誼使我感到自己與中國緊密相連。我嘗試更好地理解如何在中國各個不同層面上遊刃有餘。對於兩國之間的差異，我從未放棄一點：未來，基於對其他文化的理解，以及對外國人和陌生人的寬容。下面我將提到的事情，將會對此作出更好的解釋。

為什麼剛好是中國？

一九七八年十月二日十九點十分，瑞航 316 航班——一架 DC-8 型客機在飛行了十九個小時後，降落在北京。一個旅行團踏進了機場狹小、燈光昏暗的抵達大廳。工作人員與長途旅行的遊客們沉默而好奇地互相打量。除了四位海關工作人員和負責

入境查驗的身穿制服的工作人員以外，幾乎看不到其他人。整個大廳裡只有一個小小的檯子，在紅色的背景牆前，矗立著毛澤東的雕塑。除此之外，大廳裡別無裝飾。負責接待我們的是兩位國營旅行社的代表。

機場大樓前停放著幾輛後排車窗拉著窗簾的黑色轎車。我們乘坐的大巴在黑暗中快速駛離機場。離開機場不久，我們就拐進一條兩邊種滿樹木的窄路。途中基本上沒有看到對頭車輛，偶爾有車燈閃爍。大巴在每個十字路口都不得不避讓來自四面八方的沒有安裝車燈的自行車，或者是躲避突然超車的亮著昏黃車燈的公交車。這對我們來說真是一種異樣的氣氛。車行約一小時後，我們抵達了酒店，開始接下來的日程：八達嶺長城、十三陵、頤和園、天壇、人民公社、檀香木加工廠。

是什麼原因讓我參加此次旅行？在首次到訪北京三十七年之後的今天回首往事，答案只是簡單的

兩個字——好奇，對另一種文化的好奇。二十世紀六〇年代，幾乎還沒有電視，報紙上關於中國的真實或被信以為真的報導含糊不清。那時正是冷戰時期：共產黨領導的國家都是我們潛在的敵人。中國在六〇年代末常常作為歐洲覺醒運動動力十足的發動機，而運動參與者視紅皮的《毛澤東選集》為我們社會中必不可少的徹底變革的象徵。關於中國的報導為數不多，它們向我們展示的大多是鄉村裡或是城市裡陳舊的建築物前穿制服的人們。正是這個幅員廣闊的國家與我們的不同之處吸引了我。

一九七八年十月初的北京，天安門廣場上重新裝飾過的毛主席紀念堂前，成千上萬的中國人花上數小時等候在入口處。越接近入口，他們的神色越發肅穆。他們乘坐軍車或其他交通工具，有的來自很遠的地方。男女老少很多人眼含熱淚。公社組織他們來參觀。一大早，他們就站在這裡排隊等候。我們作為旅遊者享受了特權，繞過隊伍的末端，進入紀念堂參觀。

我們旅行團住在離市中心很遠的友誼賓館。這是家舒適型的酒店，六〇年代由蘇聯人建造。我感覺是住在鄉下。在有崗哨的大門對面是農田，一條綠蔭小路沿著被圍牆圍起來的酒店伸向遠方。負重的自行車在坑坑窪窪的小路上像耍雜技一樣扭來扭去。每五分鐘，在塵土飛揚中駛過一輛軍車或卡車。路邊的男男女女們像看外星人一樣看著我。我幾乎無法用我的相機記錄下這種場景——人們不是

拒絕就是轉過身去。

　　需要適應的還有不同的飲食習慣。大圓桌上擺
滿了蔬菜、米飯和其他食物。使用筷子不是問題，
關鍵是我無法區分各種各樣的菜式是用什麼加工
的。我們在兩餐之間不可能買到零食。作為遊客，
我們除了在市中心的友誼商店外，無法在其他地方
購物——外匯券只能在友誼商店和酒店裡使用。個
別人喜歡使用這種外匯券，它可以兌換成人民幣。

　　在整個行程中，我遇到的都是樂於助人、友好
的人們。我能感受到他們也對我感到好奇，但是他
們更拘謹。不僅是對於中國人，對於作為訪客的我
來說也一樣，我們之間的不同之處對雙方而言都是
十分陌生的。

日久見人心

　　在開往上海的火車上，我才意識到，自己把照

大同機車廠的蒸汽機
車，一九八二年。

相機的三腳架遺忘在杭州的絲綢廠裡了。第二天一早，在上海的酒店裡吃早餐時，我收到了三腳架——昨晚它被交到了酒店裡。

在稍後的一九八二年的中國之行中，我也經歷了類似的事情。我和我的父母作為最早的一批自由行遊客訪問大同。九月二十四日晚用餐前，酒店的工作人員走來，看到我們不屬於任何一個旅行團，便安排我們和幾位中國人坐在一起。飯後，我們不知該如何消遣，以便度過餘下的時間，經過和酒店前台工作人員的來回溝通，我們決定聽從他們的建議，去一家當地的電影院觀影。電影中場休息時，我們急壞了：我母親把她的包忘在吃晚飯時的椅子上了，包裡有三人的護照和一大筆現金。我們迅速趕往酒店。在黑漆漆的馬路上，我們搭了一輛農用車，以便能更快地回到酒店。剛進酒店大堂，就看到一位工作人員微笑著走過來，把我母親的包遞給她。

還有一次，一九八〇年十月二十三日，在河南三門峽，伯爾尼中學校長聯席會議代表團的成員坐在一輛大巴裡準備出發。這時，一位酒店工作人員匆匆趕來。原來，代表團成員的房間裡「遺忘」了各種各樣的物品：幾雙襪子、一件襯衫、內衣、一副墨鏡。我們互相對望著。上述這些物品本來是被特意扔到垃圾桶裡的，因為它們已經損壞了。

一見如故

一九七八年我的首次中國之行中，中國社會及名勝古蹟令我深深地著迷：我感興趣的是，人們如何以積極的心態參與日常生活，並尋找未來的道路。令我印象深刻的，是中國各地不同的風光和人們解決問題的方式。

當時，由旅行社組織安排團隊旅行。在上海黃浦江上乘船觀光時，我不僅對西岸新古典主義的建築感興趣——在浦東那一邊只有些倉庫和農田，也對我們團裡講法語的地陪感興趣。她叫賽琳，我回到瑞士後和她一直保持通信聯繫。我們聊自己的工作和計劃。在非常私人的信件中，我們經常回憶起一九七八年秋天在上海的那些美好的日子，感受到了彼此的親切。但是聯繫突然中斷了。我嘗試著在接下來的一九八○年和一九八二年再次訪問上海時去尋找賽琳。在她工作的旅行社裡，沒有人知道她的去向。

一九八六年，我突然收到一封寄自深圳的信件。賽琳在信中向我講述她的近況：我一九七九年寫給她的信被她的領導沒收了，之後賽琳被調往深圳，就這樣沒有任何緣由地離開了她的故鄉。

一九八八年末，我收到了她來自巴黎的最後的信息，我的回信卻因法國郵政當局罷工引發的混亂而不知所終。

奇特之事

前面提到的一九八〇年訪問中國的伯爾尼中學校長聯席會議代表團的團長由伯爾尼州教育局長、伯爾尼州州長亨利—路易斯·法勒擔任。因此,該代表團在伯爾尼州規格很高。伯爾尼州發行量最大的報紙對此作了大量的報導。圖恩市高中校長埃里希·施圖德對關於他的中國之行中的奇特之處作了如下描述:

清晨:在馬路和廣場上,人們聚在一起,或者獨自一人,年輕的、上年紀的、非常年輕的和年紀非常大的。他們在晨練!這和瑞士人的早鍛鍊可不一樣。因為這裡看上去更複雜。他們練的是對歐洲人來說很難理解的、介於身體鍛鍊和打坐之間的練習,又帶有舞蹈的優雅美感。當然,這不是共產黨的發明,而是由民間自古流傳下來並不斷傳播開來的,可以強身健體,強化自我意識。

晨練的人們

白天：馬路上、廣場上、公交車裡和卡車上、火車站和商場裡，擠滿了可怕的人群。我們覺得可怕是因為，在瑞士我們非常看重人與人之間的距離。但在中國，這似乎並不可怕：人們不覺得擠在一起有什麼不妥。即使在擁擠的人叢中，人們也很放鬆。當人們在自行車的車流中騎車時，最開心的是讓車鈴聲此起彼伏，充滿活力。

夜晚：對於我們來說，照明太暗了。二十二點以後，一切都安靜下來。這裡缺少點什麼，使我們感到生活不便：我指的是經營場所，不是指國民經濟，而是指「熊」、「獅子」和「鹿」（譯者註：此處提及的是伯爾尼三家以動物命名的餐廳和酒吧）。經濟政策顯然沒有顧及此種類型。

那麼，現在就涉及一個問題：上述這些奇特之處有何共性呢？一個早起的、勤勞的、夜晚很安靜的民族是不是榜樣，還是很危險呢？還是僅僅只是一件奇事？我的意思是這樣提問很危險，會誘使人們產生偏見。但是，有些事是可以肯定的：這是一個令我們感興趣的民族。

施圖德在上世紀八〇年代初給出了他對中國之行感到特別之處的思考。他還寫道：

我們在旅途中住過三種不同類型的酒店：老式的大型酒店，建築風格是西方列強當年試圖在中國實行殖民主義時期的；近代大型建築，呈現出不同建築工程的蹤影；大大小小的房子或樓房，風格是曾和中國合作非常緊密的蘇聯式的。所有三種建築

形式都有一個共同點：西方遊客不習慣其衛生設施。當然可以改造，但是投資高昂，免不了會影響到價格。

除此之外，難道沒有優點嗎？當然有。首先，不用給小費。所有需要根據消費金額計算的附加項目可以一概省略。第二點，是對我們的行李的出色的組織管理。在離開 X 酒店前，根據約定的時間放在房間裡收拾好的行李，會不出意外地在下一家將要入住的 Y 酒店的房間裡出現，不管我們中間是乘飛機還是乘火車，不管中間間隔了多長時間。第三點是極為美味的食物。中餐的智慧呈現於一盤盤不同菜品的特色中，客人可以根據自己的身體狀況選擇食用。

在同一篇文章中，施圖德還提到他與陪同我們代表團的導遊的對話：

當翻譯問我，我們的中學是如何教授政治課的，我當然必須先解釋我們完全不同於中國的前提條件：多黨執政的聯邦制政體，各方保持平衡，充分討論後決策。和我討論此問題的談話對象明顯對此很難理解。他認真地聽我解釋，沉默良久後用一句話結束了我們的對話：「對於一個小國家來說，這大概是很好的管理系統。」我現在還想補充一下：他的話大概是對的。

一九八五年，伯爾尼中學校長聯席會議第二次組團訪問中國。我為此行做準備工作並陪同代表團訪華。中國駐瑞士大使館和瑞士駐華大使館都一如既往地給予了我們大力支持。當時，中國對我們來說還不是旅遊目的地國家。

當時的交通工具包括火車，只有國航一家航空公司，時常會晚點。

十月三日，我們乘火車從大同前往呼和浩特。我意識到，我們十月五日夜裡從呼和浩特前往蘭州乘坐的火車，已預訂的唯一的軟臥車廂幾乎沒有空位子了。

伯爾尼大學教授漢斯・海爾斯格在他的日記中記述了當時的情景：

晚飯後，王先生（我們在內蒙古的導遊）陪同我們去了一家電影院。電影院裡放映的似乎是一部偵探片。而我們隨後所經歷的事情比電影更讓我們感興趣。王先生把我們準時送到火車站。我們還有時間在候車室裡等待一會兒。火車準時到站，我們和其他乘客混在一起，準備登車。我們的領隊赫爾穆特給我們分好了床位，但他也提醒我們，這些臥鋪並不一定全部騰好了。他真是料事如神！我們代表團由二十人組成，而軟臥車廂只有八張空床。後來我們被告知，每到一個大站，會有幾張臥鋪空出來。在呼和浩特站只有八張床，這是很肯定的了。

我們先在軟臥車廂裡把兩人安頓在已預訂好的床位上，其他人在走廊的摺疊椅或硬臥車廂休息。不管怎樣，我們在凌晨時分都集中到軟臥車廂，每人都有了床位。許女士（譯者註：原文為王夫人，是指許穎之女士。以下同。她全程陪同我們）不停地向我們道歉，急得眼淚都快流出來了。她說服了列車員，請他們友好地讓出了他們的值班室給我們休息。

我們小睡了幾小時，吃早飯的時候在餐車交換我們的奇遇。美麗的風景越來越多地吸引了我們。午飯前，我們經過了黃河。火車不時地沿黃河前行。有趣的午宴後，我們駛向戈壁灘。石灘、沙灘和鹽灘分離開來。中國人嘗試用一捆捆的麥稈編成網，在縫隙裡種上植物，以固定沙灘上的巨型沙丘。這令我們深感佩服，希望他們能成功。火車站用石頭建成，很有藝術性。火車可以方便地進出車站。我們以大約每小時六十千米的速度在大地上蜿蜒回轉。探頭窗外，經常能看到巨大的蒸汽車頭和最後一節車廂。偶爾，我們會經過沙漠綠洲的邊緣。那裡的農民辛勤地種樹，努力開墾出一塊肥沃的土地。間或能看到放牧的駱駝群，或者是蜿蜒行走著的壯觀的駝隊。傍晚時分的氛圍總是特別的。穿透雲層的陽光溫柔地撒向大地，由不透明的灰色轉為柔和的粉色，在綠洲裡與綠油油的顏色交相輝映。我們當中沒有人補覺，每個人都在享受這趟旅行。我們帶著愉快的心情抵達蘭州的酒店。

伯爾尼中學校長聯席
會議代表團訪華之行
所見：一九八五年中
國的普通一天。

漢斯·海爾斯格在他的日記中接著記述了一九八五年的中國之行——這趟旅行對他而言有時無異於一次歷險：

我們在桂林準備出發，十三時四十五分必須收拾好行李。機票已經出好了，我們等待著。如果能做到的話，我們也想像中國人一樣蹲在地上。他們怎麼蹲著就能放鬆呢？人們需要耐心。誰還有白蘭地？十六點時，我們有了新的安排：參觀一家生產手工製品的工廠，還可以購物，然後又去了一座公園。晚飯是匆忙準備的，我們邊吃邊說些無聊的笑話。現在，我們終究還是去機場了。機場裡擠滿了人，我們加入了候機的人群。領隊們和櫃檯的值機人員商量解決辦法，我們開始詛咒起來。「中式藝術風格」這個詞冒了出來。許女士找到了機場負責人，她絲毫不放棄為我們爭取合法權益的機會。地陪也絕對沒有閒著。我們可以在候機大廳裡向前挪動並順利通過安檢。這麼多人！地上到處擠滿了或坐或躺的旅客。其他的大廳裡也是同樣的情況，整個組織狀況近乎崩潰。我們將乘坐的航班的空乘人員本來二十一點開始下班休息了。現在是二十一點十五分，大廳裡的人越來越少。二十一點四十五分，我們也登上了英式哈維蘭客機。起飛了，應該如何評論這些空乘人員呢？他們簡直是棒極了。乘務員們友善、從容，服務良好。機長（看不到他）將我們安全送抵廣州。儘管我們無法向他當面致謝，但仍然對他充滿了謝意。

遺憾的是，我們的行李沒有隨機抵達。我們展示了瑞士聯邦性的執拗。不，沒有那些貴重的行李，我們不能離開機場。來來回回，反反覆覆，我們越來越執拗。什麼？把我們分到兩個不同的酒店住宿？不行。好吧，都到一家酒店，但在廣州郊區——三小時的車程。現在，我們受夠了，不能如此對待我們！赫爾穆特・萊辛、阿萊克斯・格律特以及永不氣餒的許女士留在機場等行李。我們前往預訂好的白天鵝賓館。美國副總統布什先生正下榻於此。感謝他帶來的混亂，民主在哪裡？我們必須提供民主嗎？我們不得不。我們在白天鵝賓館有空調的大廳裡受到了友好的接待。當然，只有在一個美國代表團未能入住的情況下，才會有我們的房間。要有耐心，一會兒就會知道結果了。還有，就算這個美國團沒來，我們還是得待在酒店裡，因為行李還沒到。我們隨便找地方坐下或來回走動，至少可以使用衛生間——這一點我們很快就發現了。美國團到了，我們的行李也到了，這好歹是個安慰。在前台長時間地來回討論後，是誰想出了這個好主意——地陪、司機還是赫爾穆特？不管怎樣，我們把行李裝上大巴，請司機運送到下一家我們已預訂好的酒店。正在打乒乓球的夜班值班員轉眼就開始照顧客人們，他們為我們提供了果汁和茶——純菊花的。哎喲，還搬來了行軍床。每人都可以躺下休息一會兒了。夜裡三點，我們終於安頓下來。

　　一九八五年的這次旅行，部分路線不是當時常

規的旅遊線路，確實是一趟比較特殊的旅行。我在此再摘錄一段漢斯・海爾斯格的日記吧：

傍晚，我們抵達蘭州機場。這座機場距離市中心很遠。開始，一切都按照日程有序進行。然後，有傳言說飛機不能在西安降落。不管怎樣，我們繼續等待。後來被告知，我們的航班取消了，下一班飛機於次日早晨七點半起飛。赫爾穆特・萊辛和許女士積極地尋求解決辦法。我們喝一杯白蘭地，嘗試著不要像其他旅客一樣太激動。有一個德國團的成員們大聲嚷嚷著，他們為舒適的旅行付了費，現在就想得到舒適的服務。他們很不開心地回蘭州了。我們可以在機場的賓館裡稍事休息，為此我們以茶水表示慶祝。許女士把我們召集到會議室，我們邊喝著啤酒和白蘭地，邊吃著堅果和餅乾，興奮地討論著。許女士很坦率地回答了我們非常多的問題。凡是參加這次會議的成員，都把這個晚上看作這趟中國之行最令人難忘的時刻。

第二天，我們吃早餐的時候碰面，並於七點半準時起飛。尋求舒適的德國人和我們同機離開蘭州。西安的地陪是一位漂亮的女士。她把我們帶到外語學院，系主任、幾位老師和一些學生向我們表示歡迎。他們為我們準備了茶，所有的事情都安排得很好。一位經驗豐富的女翻譯用流利的德語告訴我們，系主任很高興能接待我們。我們的州長法勒用最優美的法語致謝。可是天啊，人們沒意識到沒有法語翻譯。經過短暫的停頓之後，赫爾穆特把法

勒的話翻譯成德語，女翻譯再把它翻成中文。這樣
就很完美了。事後我們得知，系主任先生曾長期在
巴黎求學，講一口流利的法語。在大家慌亂的時
候，他卻神情淡然。

鳥、雞和水蛇

　　一九八五年，由伯爾尼州州長、教育局長亨
利—路易斯·法勒擔任團長，因特拉肯中學校董委
員組成的伯爾尼中學校長聯席會議代表團，在北京

一九八五年的北京：
自行車的海洋

簽訂了因特拉肯中學與北京二中結成友好學校的協
議。

　　中國有個傳統說法，叫「故步自封」，而中國
和瑞士的中學生們在接下來的日子裡開始了親密的
接觸。

　　一九九三年，因特拉肯高中學生代表團首次訪
問中國。代表團的十八名成員對他們的中國之行印
象深刻，這裡摘錄幾段學生們的遊記：

　　「記憶中有一種感覺，這種感覺就是學習。舒

愛文先生（瑞士前駐華大使）曾說過：『人們應該有足夠的智慧作好準備，接受其他的處世之道和思維方式。』我在中國理解了這種準備，它將伴隨我的一生。」

「在個人經歷的細節之外，中國本身也給我留下了深刻的印象：我愛穿行在熱鬧的大街上。和中國同學相處令我感到很充實。對他們家庭的拜訪，使我深刻地體會了中國文化。」

「用一句話來總結是不可能的。正是中國和中

在去往潮河的蒙古包途中遇到的孩子們，一九八九年。

國人不同於我們理念的所有細節交織在一起，令我終生難忘。比如我在上海的小巷裡發現的市場：鳥、雞、水蛇、牛蛙、魚和螃蟹，還有其他我們叫不出名字的東西，它們被現場宰殺時引起了我的同情，令我發抖。這是個一方面令我感到恐懼，另一方面又引人入勝的地方。其他的還有比如交通，人們很淡定：與我們不一樣的是，中國的交通狀況很混亂。人們可以隨時隨地鳴笛，按喇叭更多地意味著宣示和警告，而不是一種粗魯的行為。」

「當我們在北京和上海自由活動時，對我而言驚喜連連。一個人單獨或者兩個人一起，白天或者晚上在小巷裡穿行，我從未感到過害怕。中國人總是友好而助人為樂的。」

「在瑞士狹窄的山谷之外停留一段時間，從各種角度來說都是一件好事。之前視之甚重的大事情，現在看來實在無足輕重；原來以為的長長久久，亦不過白駒過隙。在三週的時間裡，很多不切實際的希望和計劃都被現實粉碎並取而代之了。」

在一九九三年首個因特拉肯中學學生代表團訪問中國後的報告結尾，年輕人總結道：「在中國的時間過得很快。我們建立了很好的聯繫。這種聯繫必將長久存在。很多人把這種聯繫作為再次訪問中國的契機。因此，我們此行達到了既定目標。友好學校的雙方，北京二中和因特拉肯中學會將友誼繼續下去並發揚光大。我們希望，這種友誼能代代相傳下去！」

是的，但是

　　因特拉肯師生代表團於一九九七年訪問北京。星期五的上午，瑞士學生在他們的友好學校裡上課。中午，可以和他們的中國同學一起在學校的食堂裡用餐。彼得和漢斯——他們馬上要參加瑞士的高中畢業考試了——由兩位中國女同學陪同，參觀了校園。

　　下午，彼得和漢斯問我，他們當天晚上可不可以接近午夜時分回酒店。他們想去一家迪斯科舞廳。這是星期五，即使他們睡晚了，也不會影響第二天的活動。錯過當天晚上我們按計劃去茶館聽的京劇，於他們而言亦無大憾。他們還告訴我，為了感謝中午陪同他們參觀校園的兩位同學，他們也邀請兩位友好的同學一起去舞廳。

　　我很快答應了他們的請求。我不想讓他們失望，又確認道：「兩位女同學肯定會來？她們的家長同意了？」「是的是的，兩位女同學在午休後明確表示，她們肯定會來。她們第二天上午不用去補習英語和數學課。」

　　彼得和漢斯向我保證，他們一定在約定的時間內回到酒店。我提醒他們別為計劃好的活動興奮太早了，他們對此顯然表示不理解。他們馬上出發，去買新襯衫。能去迪斯科舞廳讓他們開心地跑了起來，我沒能阻止他們——我應該告訴他們，我們現在是在北京……

在茶館聽完京劇後，我和幾位因特拉肯的中學生又逛了逛王府井大街，然後在大約二十二點時回到酒店。誰坐在大堂裡呢？彼得和漢斯。他們穿戴整齊，但氣氛壓抑：他們在出發去迪斯科舞廳的路上接到電話，兩位中國同學明天必須上英語和數學的私教課⋯⋯

　　這就是理論上的文化差異在實際中的體現。只有親自體驗了其他文化中與自己文化的不同之處，才能積攢更多的經驗，不斷地理解其他的文化。我邀請彼得和漢斯在酒店的酒吧喝了啤酒。

鮮花裝飾的窗戶和陽台

　　那麼，中國的中學生在瑞士又經歷了什麼呢？伯爾尼高地的日報上刊登了一篇首個來自北京的中學生代表團訪問瑞士後寫的文章：

去迪斯科舞廳跳舞留下了深刻的印象（前排右4為萊辛），一九九六年。

「我能在瑞士度過美好的三週時光，真是太棒了。對不起，如果明天告別的時候我會哭出來的話⋯⋯」來自北京二中的十八歲高中生回憶起他在因特拉肯停留期間的經歷。有關他們印象特別深刻的經歷，他們給出了各種各樣的答案：少女峰、在瓦萊州和提契諾州的山間徒步旅行、受到聯邦委員奧吉先生的接見、在圖恩市教育中心的討論。總被同學們提到的是他們在因特拉肯的接待家庭的經歷。兩位中國學生在結束他們的行程前，應接待家庭的主人威利・布拉旺特先生的邀請，前往格林瓦爾德。他們認為那裡的中餐很正宗，非常接近家鄉的口味了。當然，餐後去迪斯科舞廳的經歷會讓他們記憶深刻。

代表團的成員不僅在學校裡，也會在媒體上介紹他們的瑞士之行，以及旅行中的難忘的印象。他們很高興會於第二年的秋天在北京接待來自因特拉肯中學的四十名學生。最後告別的時候到了，幾乎沒有人哭出來，他們只是不停地說道：「明年在北京見。感謝你們所做的一切。」

一九九四年到訪瑞士的中國中學生留下的最深刻印象是什麼呢？他們不經意間提到：「瑞士像一座公園一樣，非常美麗：鮮花、草坪、湖泊和房子。每座房子屋頂都是尖的，牆是白色的，像一件藝術品一樣。鮮花裝飾著窗戶和陽台。四周的空氣非常清新。路上的行人即使互不相識，也會互相問候。我的接待家庭的父母很友好。當我晚上回來晚

時，家裡總有人在等我。」

摩天大廈和厄希嫩湖

二〇〇四年，伯爾尼高地的中學生們對他們的中國之行感到非常興奮：

「中國是個令人著迷的國家。從古老朝代遺留下來的各種建築，到拔地而起的摩天大廈都深深地吸引了我。我清楚地意識到，我們是在訪問一個有著先進技術的國家。」

「我們看到了上海的輪廓線。我們在黃山和北京的馬路上騎自行車。我們近距離地訪問雜技學校，看年輕的學生學習雜技。他們當中也許會有人在數年之後成為世界冠軍。當然，我們也登上了舉世無雙的長城。所有這些經歷組成了令我難忘的中國之行。」

所有自一九九四年以來訪問瑞士的中國中學生都有幸受到了阿道夫・奧吉──不論他作為瑞士聯邦委員，還是聯邦主席，抑或是（聯合國秘書長）科菲・安南的體育與發展特別顧問──的接見。媒體報導稱：「在學生們即將離開瑞士之前，他們有機會和前聯邦委員奧吉先生一起在山區的厄希嫩湖徒步旅行。中國的年輕人很享受和他進行直接的對話。奧吉先生總是停下來，對那些很直接的提問，用他的登山杖在山間小路上畫圖回答。對他而言，這是個特殊的機會，以厄希嫩湖為例，向中國的中

學生們講解完整的環境問題。對於中國的年輕人來說，瑞士前聯邦主席的坦率、專業和親切態度給他們留下了深刻的印象。」

二〇〇三年，一位女中學生寫道：「因特拉肯中學為我們提供了一種特權，即藉助中國之行讓我意識到，在短時間內我們可以完全沉浸在另一個世界裡。突然之間，我們成了絕對的少數派。我們需要適應對我們來說完全陌生的、費解的情形。我意識到，從一種文化轉換到另一種文化有多難。接受其他的文化需要坦誠相待，或者至少嘗試理解。」

回顧

二〇一五年春天，我坐在上海至北京的火車

中國學生們與前聯邦主席阿道夫·奧吉先生（中）在通往厄希嫩湖的路上，二〇〇二年。

上，五個小時後我將抵達北京。火車即將駛入南京現代化的車站時，經過了一大片樓盤，其中大部分房子還都空置著。它們是城市化進程的一部分。中國正在把中小城市發展成西方的模樣。高鐵時速達到了三百多公里。商務人員，也包括中國國內的旅遊者，正在通過手機查詢股市行情，或者查看郵件。什麼都不缺，我對舒適的要求完全被滿足了。我的目光投向火車的窗外，田野裡不時有耕作的農民。十年之後，他們會住在哪裡呢？

一個奇特而別樣的國度

——瑞士追憶

王熙敬

（中國前駐瑞士使館一秘、駐德國使館參贊）

二十世紀八〇年代，我曾在中國駐瑞士大使館工作五年有餘。如今三十年過去了，一些往事依然歷歷在目。最令人難忘的是那些也許只有在瑞士這樣一個別樣的國家才能經歷的逸聞趣事。

不帶保鏢的軍事部長和聯邦主席

瑞士首都伯爾尼是一座美麗的古城。清澈的萊茵河支流阿勒河流經市中心，形成新城與老城，然後又三面環繞著城郭；茂密的樹林層層包圍著小城，散發出迷人的清香；晴日則可遙望城市的「王冠」、阿爾卑斯山的高峰——少女峰。中國大使館坐落在城市東南，附近遍布一家一樓、一戶一院的別墅，是宜居的好去處。這裡各家都是形狀各異的美麗花園。正是全國各地類似這些成千上萬的如花似錦的院落加上山山水水編織成「世界花園」——瑞士。在這依山傍水地方，同事們晚飯後常常出去散步聊天，呼吸清新空氣，享受大自然的美景。

我習慣於林中晨練。在一個晴朗的早上，我正

在樹林中鍛鍊時，忽然看見時任瑞士軍事部長正在漫步。他牽著一條溫馴的小狗，邁著緩慢而輕鬆的步伐，看起來更像一位平民百姓、慈祥的老人。當我自報家門——中國使館外交人員，並向他問候早安後，他馬上面帶微笑，駐足與我握手攀談，而後又同行漫步。部長談及中國是文明古國，有燦爛的文化；如今社會經濟發展很快，令人非常欽佩，希望兩國關係愈來愈密切。握手告別後，看著他的背影，我久久不願離去。其實，這次偶遇讓人聯想翩翩的首先不是見面本身，而是任何人經過這裡看到這位老人的時候，恐怕誰都不會想到這是一國之「軍事部長」！一個國家的軍事首腦林中散步，不帶警衛，不帶陪同，只有一條小狗「隨行」，和所有林中河邊散步的老人沒有任何不同。可以想像，他身上也不會帶什麼自衛武器。這就是瑞士！

不久之後，我看到的另一件事同樣令人驚異。瑞士電視台製作了一檔介紹聯邦主席日常生活的節目。從影片裡看到，聯邦主席自己開著車上班，沒有司機，沒有警衛，沒有陪同，更沒有通常各國元首所享有的「前衛車」和「後衛車」。至於交通管制或者街上戒嚴等，瑞士人就更陌生了。當一國之長經過大街的時候，行人來來往往一切如常，沒有任何特殊的動靜。忙忙碌碌的人群根本就沒有注意到他們的聯邦主席經過。當主席走進辦公樓和辦公室的時候，你會看見他自己從口袋裡拿出鑰匙開門——沒有助理或者秘書的迎接。這樣，對於瑞士

人所講部長們在街上如同普通百姓，你就不會感到奇怪了。在街頭、商場、飯店甚至電車上遇到沒有任何護衛在身邊的聯邦委員，對於伯爾尼市民來說，就更是見怪不怪的常事了。

這與特殊而簡單的瑞士政治體制不無關係。瑞士聯邦委員會為瑞士最高行政機關，只有七名委員，分任七個部的部長。聯邦主席與副主席根據在先權以每年輪流方式經過聯邦議會選舉從七名聯邦委員中產生，任期一年。法律規定，聯邦委員會可以徵用瑞士軍隊組成安全小組，保護委員們（部長）的安全。不過，在現實生活中這種情況很少發生。每位委員（部長）真正享受的就是國家配備的一名身著制服的管家或叫差役。

看到這麼樸實的國家領導人，這麼樸實的部長，你就會明白瑞士的政體多麼簡單！

遲到的瑞士婦女（州）選舉權——
目睹瑞士傳統的「廣場選舉」

一九八四年的一個週末，使館幾位同事驅車前往瑞士東北邊陲內阿彭采爾州，參觀那裡一年一度的古老傳統的「廣場選舉」。

瑞士是一個多樣性的國家，這也體現在它的選舉制度上。大部分州像聯邦一樣，實行比例選舉制，少數州則實行多數選舉制。大多數州採取通常的不記名投票方式，但有的州——傳統保守、人口

稀少的山區——一直沿用中世紀的「廣場集會」舉手錶決制，或稱「露天舉手選舉制」。阿彭采爾州（分內阿彭采爾和外阿彭采爾）即屬於後者。這也是一些婦女遲遲沒有獲得平等地位的地區。

我們抵達內阿彭采爾州府阿彭采爾市時，會場已是人山人海，熙熙攘攘，熱鬧非凡，像過節一樣。選舉廣場是用籬笆圍起來的，男士選民穿著當地傳統服裝，在廣場裡面交頭接耳，談笑風生，有時還夾雜著打鬧聲。一眼望去就能感到，他們今天來不僅要用「舉手」投下一年一度的神聖的一票，而且也是藉機與相識的和不相識的「老鄉」聊聊天、敘敘舊。所以，這既是選舉盛會，又是朋友鄉親的聚會。其實選舉很簡單，根據候選人名單，大家舉手表決通過就完了。令我們這些外國人感到好奇的不只是這種延續了幾百年的選舉方式，而首先是婦女只能是選舉的「參觀者」。她們雖然也穿著節日盛裝，歡天喜地，但她們是不能走進廣場裡面的，只能站在籬笆外面像欣賞劇目一樣觀看著他們的男人們的喜慶「表演」（選舉）。也許當你知道這裡的婦女是如何想的，一定更感到不可思議。我們與一些婦女攀談時，問到她們被「排斥」在選舉廣場外面，被「剝奪」了選舉權，有沒有失落感，想不想為婦女選舉權而鬥爭，她們平靜地回答說：「沒有任何不滿！選舉是他們男人的事，參與政治本來就是他們男人的事。我們女人生來就是圍著鍋台轉的！家裡活已經夠多了！婦女們不懂政治，也

不關心政治！」聽了這番話，不知是感動，還是同情。這裡我不禁想到近代史上各國為婦女平等的權利而奮鬥的可歌可泣的壯舉：早期國際無產階級女革命家克拉拉·蔡特金和羅莎·盧森堡作為社會主義婦女運動的先驅，嘔心瀝血為國際婦女運動奮鬥終生。而瑞士多數婦女卻是以一種平常心態看待有或者沒有選舉權這一重大政治問題的。一八四八年，瑞士在全國範圍內開始實行男性公民的投票選舉權。一百二十三年以後，即一九七一年，女性公民才同樣獲得聯邦一級的選舉權。又經歷了二十年，一直到一九九一年，內阿彭采爾的婦女終於獲得與男人一樣的選舉權。不過，這一權利的獲得，不是男士們的「慷慨餽贈」，更不是婦女自己奮鬥的結果，而是瑞士聯邦法院判決作出的決定——「給予這裡的婦女選舉權」。換言之，「上級的強迫命令」使她們獲得了平等權利。「廣場選舉制」這種形式則保留至今。多年以後，時任外阿彭采爾州州長科勒—博爾女士無奈地說：「當我們終於可以參政議政、加入州政府時，這也許看似春之甦醒。然而不幸的是，今天我看到婦女對政治依然不感興趣，這更令我煩惱。」

　　遲到的瑞士婦女選舉權，和這個國家的大環境不無關係。瑞士是世界上最發達的國家之一，但瑞士人那種阿爾卑斯山地區的傳統和氣質實在太強烈。一九七一年，瑞士婦女獲得聯邦一級的選舉權後，從政的女性寥寥無幾。一九八四年，聯邦議會

才選出該國有史以來第一位女聯邦委員柯普女士。一九九九年，德萊富斯成為第一位女性聯邦主席（總統）。

任性的瑞士人曾否決「入聯」、抵制「入盟」

一九八四年三月的一天，我像往常一樣，走進辦公室第一件事就是翻閱駐在國當日主要大報，最醒目的新聞莫過於「瑞士國民院經過激烈辯論同意瑞士加入聯合國」。早在同年一月，瑞士聯邦委員會經過幾年的醞釀，提出了入聯建議。瑞士聯邦院也在十二月表決贊成該建議。之後，入聯最主要的一關是全民公決。

對於支持與反對入聯，瑞士社會多年來爭論不休。公決能否通過，上至政治家，下到平常百姓，都十分關心。這也自然成為當時大使館追蹤研究形勢的重要課題。根據大使指示，我們政治處同事分頭走訪駐在國各大報社的政治編輯，聽取他們的分析；同時與當地各界人士及群眾接觸，了解他們的想法。調查結果多少還是令筆者感到意外——雖然政府辛辛苦苦做了多年的工作，但除了政治家多數同意入聯外，社會各界特別是平民百姓反對的聲音卻依然強烈，公眾不看好以後的公決。瑞士政府不斷加大宣傳力度，期盼公決能予通過。一直到一九八六年三月，才就入聯問題付諸全民公決。結果，百分之七十五的選民不同意，二十三個州中竟然沒

有一個州支持。反對的理由主要是擔心入聯影響該國自一八一五年以來奉行的永久中立政策。這一結果嚴重打擊了瑞士政治，重創瑞士政府。積極推動入聯的政治家甚至被視為「國家的叛徒」。公決結果也引起國際社會強烈反響，批評瑞士人這種「莫名其妙」的態度，有的報紙甚至推出通欄大標題——「瑞士人瘋了！」

國際社會難以理解的是，瑞士與聯合國關係極其密切，且受益良多，可怎麼就是不肯踏進聯合國的大門？第二次世界大戰後，瑞士成為國際交往的中心，日內瓦更是世界上數一數二的重要的國際化城市。早在一九二〇年「國際聯盟」成立時，即將其總部設於日內瓦（萬國宮）。一九四六年，瑞士決定將萬國宮交聯合國使用，遂使日內瓦成為聯合國歐洲總部所在地，也是僅次於紐約的聯合國第二大中心。資料顯示，這裡有包括聯合國機構在內的十九個國際組織、一百七十家非政府組織辦事處和近一百五十個各國常駐代表團。瑞士在此從業人員超過兩萬人，約占日內瓦就業人口的百分之十，每年十餘萬人來這裡參加三千四百餘次國際會議。三萬多名各國外交官和聯合國工作人員占該市總人口的百分之七，每年給瑞士帶來三十多億瑞士法郎的直接收入。儘管如此，瑞士人寧肯繼續留在聯合國之外。

冷戰結束後，隨著全球化的發展，瑞士政府愈感入聯之迫切，呼籲公民順應時代潮流。二〇〇二

年三月第二次公決中，瑞士選民終以百分之五十四點六的支持率通過入聯，使瑞士成為第一百九十個聯合國會員，從而解決了幾十年來困擾瑞士的一大政治難題。可以說，這是瑞士最具歷史意義的一次公民投票。

任性的瑞士人勉強同意入聯後，不顧該國與歐洲千絲萬縷的聯繫，特別是融為一體的經濟關係（82%的進口商品來自歐盟，出口歐盟則占瑞士總出口的63%），繼續以公決頑強地「抵制」政府「入盟（歐盟）」的要求。歐洲人抱怨道：瑞士人完全不可理喻！

多年來，筆者查閱過多種資料，並向專家學者請教，從中體會到，瑞士人這種「抗拒外部」心態，不僅是擔心影響其永久中立地位，也是源於阿爾卑斯山地區形成的歷史特徵──封閉、傳統、保守。瑞士人常會說，我們生活得安穩富有，沒有必要非要敲開聯合國大門，更不願跨進歐盟「去找麻煩」！

鄰居的「提醒」

瑞士法律十分健全，名目很細。據說，任何一位法律專家都不可能知道瑞士究竟有多少法。遇到問題，遇到爭執，遇到官司，官說了不算，民說了也不算，只有法規說了算。法律規定，從大到修改憲法，小到涉及公民生活的「小事」，只要有人發動簽名，提出「倡議」，達到必要的簽名人數，即可進行「公決」。我在這裡目睹了大大小小各種不

一九八四年，王熙敬在使館招待會上和卓別林夫人在一起。

同的公決。比如，伯爾尼商店過去晚上七點停業，提前或延後關門均屬違法。一九八四年，伯爾尼一些市民為方便群眾生活，提議每個星期四晚上商店營業延長至九點。經公民表決通過，這一規定延續到現在。從晚八點到上午八點不能大聲喧鬧，也不能大聲演奏樂器，用大喇叭聽音樂更是絕對禁止。總之，人們的活動不能影響鄰居的休息，一不注意，就可能惹上麻煩。鄰居甚至可能報警。我們大使館也吃過這種苦頭。

像世界各國的使館一樣，中國駐瑞士大使館每年都要舉行幾次大型招待會，其中主要的是國慶招待會、新年招待會、春節招待會等。這些活動根據不同需要，一般邀請瑞士政府官員、駐伯爾尼外交使團、華人代表等，出席人數少則幾十人，多則一二百人。活動大都在晚上進行，往往到九點甚至更晚結束。主人和客人碰杯飲酒，談笑風生，氣氛熱

烈，情緒很高，這就免不了聲音很大。這下問題就來了，影響了鄰居的安寧，干擾了他們的生活，有違當地法規。結果不止一次引來鄰居電話，甚至報警。警察也左右為難，他們知道使館的這些活動都是兩國之間交往的友好活動，晚上舉辦，對各個使館來講也屬常理。警察協助我們進行溝通，使館也想辦法做好睦鄰友好工作。如果是大型活動，我們注意動靜不要太大，另一方面先向鄰居打個招呼，提前表示歉意，並感謝他們的諒解。有時，也邀請鄰居參加使館一些政治性不強的招待會，例如春節招待會。這樣，久而久之，不僅矛盾解決了，而且還與鄰里交上了朋友，平時街上遇到還互相打打招呼。

農民不願進城打工

一九八五年七月底的一個週末，應瑞中協會副主席莫澤爾邀請，筆者陪同時任中國駐瑞士大使田進夫婦訪問格勞賓登州。這是享有「世界花園」美稱的瑞士最獨具一格的地區。訪問的高潮是在該州山水相連的福坦。這個只有五百多居民的小鎮卻聞名遐邇，每年吸引著成千上萬的世界各國來客。福坦能夠成為旅遊勝地，不僅是因為它的青山綠水，人們更看重的是它維繫了五百多年、至今還保留著的山區的傳統文化。一進村，男士們吹著阿爾卑斯山區的長號，婦女們穿著漂亮的民族盛裝歡迎遠道而來的中國客人。這種木質號角已有五百多年歷史，早已成為這裡山區文化的代表，每年還會舉行

各種長號音樂節。聽到村民用它吹出悠揚動人的音樂，感到非常親切。晚上，鎮政府宴請田大使一行，七點整，酒館已熱熱鬧鬧，酒香味撲鼻而來。人們大多以飲啤酒為快，可以聽到叮噹的碰杯聲，女服務員則端著大杯啤酒在客人中穿梭，客人感受到濃濃的山村酒館的氣息。席間交談最多的是當地山區農民的習俗。也許就經濟而言，山區落後於經濟發達的德語區和法語區，但這裡的環境更為自然，民風更為淳樸，文化傳統更具特色。為了保持這裡的文化傳統，當地並不主張推廣瑞士最大的官話德語，而堅持使用有滅絕危險的古老的列托羅曼語。

　　第二天，鎮政府官員陪著客人在街上散步聊天。我們正好碰到村裡的牧羊人放牧歸來，主人指著穿著再樸素不過的牧羊人說，他們的工作是祖輩傳下來的，如今依然過著父輩那樣的的生活。他們淳樸快樂，沒有任何「現代農民」的感覺。據介紹，這裡甚至保留著十分傳統的「落後」的集市交易方式──在驟馬市場交易的時候，不是用計算器，也不是用算術，而是交易雙方把手伸進寬鬆的衣服袖口裡比畫價格，討價還價。這是我們這一代人兒時在中國農村集市上看到的習俗，然而在現代化的瑞士當時依然存在。令人更驚奇的是福坦的山區農民不願進城當農民工──至少這是中國農民不可理解的。當天下午，主人安排參觀農戶──一家當地典型的山區農民，了解他們的勞動與生活。戶

主帶我們參觀大院，一邊是馬廄、工具房，裡面有汽車和拖拉機之類，另一邊則是住人的宿舍。最後參觀廚房，一個地地道道的山區農家的廚房，牆上掛著、地上擺著並不整齊的各種鍋碗瓢盆和其他廚房用具。我們愕然地看到，他們做飯不是使用電爐，也沒有煤氣灶，而是燒柴禾，用的是中國農村千百年來用過的那種老式手拉「風箱」。我們進去的時候，主婦正在燒火做飯，可以聽到吱吱響的拉風箱聲和燒柴聲，聞到鍋裡冒出來的濃濃飯香味。參觀結束後是茶敘。我們饒有興趣地提了很多問題。我至今清楚地記得，當被問及這樣的問題：到蘇黎世或者別的大城市打工，農牧民的收入應該要高很多，你們怎麼不去城裡打工？主人的回答簡潔而直率：「我們不願失去我們的自由，更不願出賣我們的自由！我們喜歡、習慣於在大自然中享受自己勞作的幸福，喜歡這種遠離塵囂、恬靜安謐、與世無爭的農村生活！」可以看出，比起城市雖不算富有，然而村民滿足的正是這種健康快樂、自由自在的生活。他們是那樣留戀這塊清新而美麗的故土！

這些往事的回憶，使我更加欽佩瑞士這樣一個小國。這是一個色彩斑斕的國家，也是一個多樣性的國家；又可以說它是一個別樣的國家。也許你能發現不同國家之間的相似之處，但卻難以找到可以與瑞士相比的國家。它的政體、它的風光、它的語言、它那阿爾卑斯山區人特有的氣質、它那世人所羨慕的安寧——這一切都是瑞士人的驕傲！

漫步伯爾尼古城

靜瑞彬

（中國前駐瑞士大使館新聞參贊）

　　伯爾尼是瑞士的首都，又稱「聯邦城」，位於萊茵河的支流阿勒河的一個天然彎曲處，湍急的河水從三面環繞而過，築就一個半島，老城就在這個半島上。伯爾尼處在德語區和法語區的中間地帶，其名稱德文是 BERN，法文是 BERNE。伯爾尼人以德語為主，也講法語。

　　伯爾尼老城一一九一年始建，經過幾次擴建，至十八世紀建成現在的規模。傳說十二世紀末，統治中東部地區的扎靈根公爵（Le Duc Berchtold V. von Zahringen）要在伯爾尼這個地方建立要塞，他決定以獵獲的第一隻野獸作為城市名，結果首先獵得一頭熊，於是便以「熊」（德語 BAER）作為城市名稱，後逐漸演繹成為「BERN」。「熊」自然成了伯爾尼的城徽，進而又成為伯爾尼州的州徽。因為這個歷史淵源，至今伯爾尼人對熊仍特別偏愛，熊的形象處處可見。有些古建築上仍保留有熊的雕塑。在阿勒河東岸崗尼德格大橋附近，還專闢有供遊人觀賞的熊苑。每逢節假日，旅館商店、銀行保險、機關民宅，門前樓上無不懸掛飾有各種藝術造

靜瑞彬在伯爾尼附近
小鎮留影。

型熊標的大副彩旗，成為伯爾尼一大景觀。平日
裡，熊標彩旗也是隨處可見。所以，伯爾尼又被稱
為「熊城」。

伯爾尼老城原本都是木質結構的建築。一四○
五年的一場大火，把木質建築全都燒燬。後來重建
時，改為砂岩石結構，城市的中世紀面貌至今保存
完好。圓石鋪就的寬大巷街、街道兩旁彼此相連的
拱廊、紅瓦白牆相映生輝的古老房屋、文藝復興時
期的雕塑彩柱噴泉、十六世紀的鐘塔以及始建於一
四二一年的哥特式大教堂等，使伯爾尼老城顯得古
色古香，充滿中世紀的神祕色彩。伯爾尼老城是歐
洲中世紀城市建築藝術最有魅力的代表之一，因此
早在一九八三年就已被聯合國教科文組織列為世界
文化遺產。

漫步伯爾尼老城，古蹟處處可見。特別是從火
車站到熊苑這一條幾公里的長線上，古蹟名勝最多

也最為壯觀。

中世紀的拱廊

閒名世界的拱廊，從火車站前的醫院街到克萊姆街的古老鐘樓這一段最為精彩。拱廊結構獨特，是典型的中世紀建築。沿街的樓房底層門前是便道，便道上面的頂是樓房的空中外延部分，形成走廊。走廊臨街的一面有拱柱支撐，兩柱之間似是寬大的拱門，廊道相連，拱門相接，蜿蜒漫長，形成拱廊。在老城，這種拱廊總共有六七公里長。

拱廊的裡面，現今集聚著大商場、時裝店、珠寶店、古董店、鐘錶店、工藝品店、甜食店、巧克力店、咖啡店、飯館等。奢華衣裝、摩登飾物、前衛時裝、名貴鐘錶、中檔貨品，店店物品琳瑯滿目，家家服務細緻周到。

16 世紀的街心泉

伯爾尼市區街道有一百多座街心泉，其中的十一座最為著名，所以伯爾尼也稱「泉城」。在老城裡的街心泉，多為十六世紀時建造，每個泉都有泉柱塑像，泉水從雕塑的柱石中潺潺流出。每個雕塑都講述著一個傳說、一個童話，形象生動，寓意深刻，引人入勝。

醫院街上的「風笛手泉」，形象生動，飽經風霜的風笛手肯定有一個動人的故事，變成一座雕塑

永遠審視人間。

市場街上的「節飲女神」，是藝術性很高的傑作。女神正在用水兌酒，衣裙飄舞，姿態優美。

克萊姆街上，豎立著「扎靈根泉」，紀念最初建城的扎靈根公爵。但泉上的塑像不是公爵，而是一隻披著盔甲的熊，爪持扎靈根盾牌紋章，象徵意義深刻。

在市政廳前的小廣場上，有「旗手泉」。旗手全副戎裝，手執伯爾尼旗幟，造型精細，栩栩如生。

在正義街，你會看到伯爾尼最精彩的街心泉——「正義泉」。泉上的塑像是「正義女神」，一手執劍，一手端著天平。她的腳下是教皇、國王、高官顯貴等人物的形象，寓意即使是帝王將相、天王老子，最終也逃脫不了正義的裁決。

在信使廣場，有一座「信使泉」，紀念古時一位不畏強暴的伯爾尼信使。歷史故事說，在法國稱霸的時代，伯爾尼派往法國朝廷的信使不講法語，遭到法國國王的嘲諷，質問他為什麼不講法語，他理直氣壯地回敬道：「您也不講德語！」令國王很尷尬。這座信使泉弘揚著一種精神：小國要自信自尊自強，追求平等互尊。

馳名世界的鐘塔

馳名世界的古老鐘塔在克萊姆街街頭上。這裡

曾是伯爾尼的第一座西城門，一五三○年在城門上增設了鐘塔，安裝了天文鐘和機械表演系統。若要觀賞鐘的美妙之處，必須在正點敲鐘報時前的幾分鐘來到這裡。正點前四分鐘，碩大的鐘盤上面會有一個渾身披金的小機器人開門出來，用錘子敲打頭上的鐘，報出時間，同時，又有「時間老人」、一隻公雞、一隊小熊走馬燈般魚貫而過，整個表演極為奇妙有趣。這座鐘的機件為十六世紀瑞士製造，至今保養完好，運轉無誤，令人感慨。

古老的鐘塔是科技發展的象徵，是瑞士鐘錶工業的象徵，是海爾維希亞文化藝術的象徵。幾百年裡，它接受過多少人的瞻仰，又和多少人合影，無從計算。瑞士如今每年接待一千多萬境外遊客，可想而知。

伯爾尼大教堂

伯爾尼大教堂全名為 Munster Zu St. Vinzenz，是一座典型的晚期哥特式建築，坐落在阿勒河邊上，造型宏偉壯觀，是瑞士最高大神聖的建築。其建設始於一四二一年，歷經一個多世紀才建成。中堂大殿更是前後修建了一百五十年才完成。十九世紀末，在教堂頂上又修建了尖塔（1893 年竣工），塔高一百米，使其成為瑞士最高的教堂。教堂裡的大鐘頗具傳統特色，聲音洪亮，傳播很遠。最大的鐘重十噸，一六一一年鑄造。

這座教堂最偉大的藝術品，是大門上的浮雕，題為「最後的審判」，十五世紀末由大師 Erhart Kueng 創作，共有各階層人物二百多個，表情姿態都是在地獄悽慘悲號狀，寓意壞人都要下地獄。教堂裡十五世紀的彩畫玻璃和其他雕像，也都有頗高的藝術價值。在定期的音樂會和聖誕節時，能聽到十八世紀的管風琴奏出的美妙音樂。沿著二百五十四級台階的螺旋樓梯登上塔樓的第二層（到塔尖共有 344 級台階），可到瞭望台鳥瞰伯爾尼全景，遠眺雪山。

聯邦大廈

　　銅綠色頂蓋的聯邦宮坐落在阿勒河北岸。這是一組用花崗石建造的宮殿式大型建築群，建於一八五二到一八五七年。聯邦政府和聯邦議會就設在大廈裡，左右兩翼是聯邦各部的辦公樓。大廈於一八九四到一九○二年進行了擴建，議會大樓於一九○二年完工。一九九三年，議會樓再次進行修繕，並添置了電子錶決裝置。聯邦宮裡有許多名貴的宮廷壁畫、反映聯邦歷史的雕塑和藝術品以及稀世珍寶等。

　　聯邦宮前的空地叫聯邦廣場。它是停車場，是菜市場，也是民眾集會或抗議示威的場所。每逢週二和週六，小販一早就在廣場上搭棚設攤，售賣蔬菜水果、鮮花名草、特色小吃，人流熙熙攘攘，一

片生機祥和。每年十一月底，廣場上舉辦傳統的「蔥頭節」，規模盛大，遠近聞名。在聯邦政府門前的廣場上有這樣的民間景觀，不能不說是瑞士民主的一種體現。

伯爾尼最古老地區

從阿勒河彎曲處過橋向北走，就到了伯爾尼最古老的地區，這裡大多都是典型的中世紀建築。有一所十四世紀的教堂，叫奈戴格教堂，大門上的青銅浮雕，描繪耶穌的故事，至今保存照舊。教堂院裡豎立著伯爾尼的締造者扎靈根公爵的雕像。

愛因斯坦博物館

克萊姆街四十九號，是大物理學家愛因斯坦住過的地方。他住過的公寓現在是一個小博物館。一九〇二到一九〇九年間，愛因斯坦在伯爾尼聯邦專利局工作。在此期間，他發表了畢生百分之六十的學術論文，特別是他的驚世之作「相對論」。瑞士人對此頗感驕傲。十幾年前，伯爾尼歷史博物館以九萬三千瑞士法郎的高價從巴塞爾的一家拍賣行收購了愛因斯坦的瑞士護照，並於二〇〇五年「聯合國物理年」向觀眾公開展示。

500 多年歷史的熊苑

熊苑在阿勒河的彎道東岸，已有五百多年的歷史。現在的熊苑，是一個深五六米的大圓水泥池，

靜瑞彬（中）夫婦二〇〇一年和出席中國使館八一招待會的瑞士朋友合影。

中央有樹。遊人隔著護欄俯視池中玩耍的熊。熊窩則在熊池旁邊的地下。伯爾尼人對熊感情深厚，經常來熊苑看望，復活節來看熊的人最多。若有了小熊仔，人們就會歡天喜地，奔走相告；若有熊死了，就會難過許多天。

在老城，除了上述古蹟外，還有許多歷史文化價值很高的景點。例如，伯爾尼火車站的地下通道裡陳列著六百年前的伯爾尼防禦工事遺址；火車站斜對面的基督教教堂，建於一七二〇年，據說是全瑞士最重要的巴洛克風格的宗教建築；還有三百年前建造的獄塔，以及十五世紀初建造的哥特式建築市政廳等。伯爾尼歷史博物館保存著許多瑞士的歷史珍藏。這是一座十六世紀新哥特式風格的建築，門前有高大的青銅雕塑、古典式的噴泉水池，博物館本身就是一件藝術品。伯爾尼美術博物館珍藏著著名畫家保羅・克利的大量作品，還有其他世界著名畫家的作品。伯爾尼自然歷史博物館在歐洲名列前茅。瑞士郵電博物館是集郵愛好者的樂園。瑞士阿爾卑斯博物館展示滑雪知識和運動的發展。此外，還有伯爾尼兵器館、伯爾尼圖書館，等等。

漫步老城之後，可在熊苑東邊拾階而上，到高坡上的玫瑰園一遊。園裡種植各色名貴玫瑰二百多種、藍蝴蝶花二百多種，以及杜鵑花近三十種。玫瑰園是伯爾尼人的驕傲，風和日麗，鳥語花香，是個休閒和讀書的好地方。從這裡眺望老城，全貌盡收眼底，一覽無餘：哥特式建築錯落有致，房屋街

道上下排列，紅色屋頂鱗次櫛比，綠蔭遍布建築當中，阿勒河灣流水碧藍，整個城市宛如一個立體大花園。

在園中咖啡店前的露天餐桌選一個座位，要一份瑞士雪糕或一小杯濃縮咖啡（Expresso），慢慢品嚐中，不免會思考一個問題：一百五十年前瑞士還是一個非常貧窮落後的農業小國，為什麼現在變成了世界上屈指可數的富裕國家？除了瑞士人的勤勞質樸、謙虛謹慎、聰明智慧等優秀品質外，瑞士人世代不忘過去吃苦的日子可能是最重要的精神動力。瑞士人富裕但絕不鋪張浪費，撒在飯桌上的麵包渣都要撿起來吃掉。在瑞士，大人孩子都明白以史為鑑、不忘過去方有今天這個普通的道理。這恐怕也是為什麼瑞士是世界上博物館最多的國家（平均每 9000 人一所）、為什麼伯爾尼中世紀老城能保存完好的原因。

難忘的回憶

瞿宏法

（中國前駐瑞士使館文化秘書，前駐法國使館、

駐歐盟使團和駐比利時使館政務參贊）

　　瑞士地處歐洲中部，國家管理嚴密，社會穩
定；國民素質高，文明禮貌；經濟發達，城鄉差別
不大；交通現代化，出行便捷；氣候溫和，山川秀
麗；到處繁花似錦、綠草如茵，是「花園之國」「宜
居之鄉」。

　　一九七〇年，我第一次出國工作就被派往中國
駐瑞士大使館，一幹就是九年多，令許多同事羨慕
不已。在這個美麗友好的國家的工作經歷，是我外
交生涯的開始，也是我對新中國外交事業的青春奉

瞿宏法在中國駐瑞士
大使館門前留影。

獻，留下了太多難忘的回憶。

歲月流逝，回憶難以忘懷。退休後，我每天在公園散步，邊走邊追憶往事，不少已寫成文字，收錄在網絡回憶錄《法語伴我四十年》中。下面幾篇回憶是專為《中國和瑞士的故事》一書撰稿，首次見諸文字。

山美水美人亦美

那年聖誕節，大雪紛飛，「熊城」伯爾尼銀裝素裹，地面濕滑，車行緩慢。下午四時左右，在老城辦完公務後，我開著一輛黑色奔馳車小心翼翼地行駛在返回使館的途中。行至卡伊諾大廈前，有一個小斜坡。等候過橋的車輛排成長蛇陣，車距非常小，我緊跟著前面的一輛紅色轎車緩緩滑行。信號燈變得太快了，沒放行幾輛車，綠燈就變紅燈了。前面的車停住了，我趕忙踩剎車，但車不聽話，還是向前滑了一下，與紅車來了一個「親吻」。我連忙拉手剎下了車，忐忑不安地向前走去。前車上下來了一位女士，身材高挑，衣著時尚，向我走來。我忙用法語說道：「對不起，夫人，讓您受驚了。我是個開車新手……」她沒有答話，徑直向車尾走去，見愛車無大礙，又回頭看了看我的車，也無大傷，便平和地對我說：「沒關係，我們可以走了！」我心中一塊石頭落了地，頓感輕鬆許多，連聲說謝謝，並靈機一動補上一句：「聖誕節快樂！」女士

面帶笑容回了一句「謝謝」，並叮囑我路滑小心。
我倆趕忙回到各自車裡，跟隨車流緩緩過橋。

在異國他鄉發生汽車追尾事故，竟然沒有一點
口角爭執，我心裡很是感動。回到使館後，我向同
事們說起這件事，大家異口同聲地稱讚：「瑞士山
美水美人亦美！」

聯邦委員禮讓斑馬線

那個禮拜天，天氣極好，風和日麗。我在使館
忙完了手頭上的工作，和一位同事徒步回宿舍住
處，途中要穿過一條較寬的馬路。在斑馬線前，我
們耐心地等待綠燈。變燈的一剎那，我們正邁步要
踩上斑馬線時，發現不遠處駛來了一輛黑色轎車，
立馬將伸出的腳收了回來。幾乎同時，那輛車也在
斑馬線前穩穩停住。車窗裡伸出一隻手，示意讓我
們先走。我們踏上斑馬線，邊走邊揮手致謝。我回
頭看了看，見那個人正向我們微笑。定神細看，那
不就是瑞士聯邦委員謝瓦拉嗎？在他擔任洛桑市長
期間我就見過他。他當選聯邦委員後，曾應陳大使
的邀請來使館做客，我參與了宴請的各項準備工
作，並榮幸地參加晚宴作陪，因此對他印象很深。

我邊走邊想，聯邦委員當屬瑞士國家領導人，
親自駕車，還禮貌讓行，實在令人欽佩。人們都
說，瑞士這個國家不但自然風光美，而且公民素質
很高。在瑞士九年多，從未在街上見過隨地吐痰和

亂扔垃圾的行為，在公共場所也未見過大聲喧嘩和鬥毆的現象。人們行為舉止都很有禮貌，「您好」「請」「對不起」「謝謝」等文明用語從不離口。

「光盤」見民風

來使館不久，我就有幸參加了瑞士民航總局為來訪的中國公安部一代表團舉行的晚宴。主人熱情好客，精心安排，潔白的檯布上擺放著高雅精緻的餐具，還有兩國國旗和五顏六色的鮮花，用餐前就使人感到很溫馨、很舒服。服務員訓練有素，動作麻利，上菜斟酒很有講究。冷盤是風乾牛肉配白蘭瓜，爽口又營養。主菜是蘇黎世小牛肉加蘑菇汁，還有土豆泥和菠菜泥。吃得差不多時，招待員手托菜盤，逐個問是否還需要加菜。你若需要，他會請你自取，絕不勉強；酒喝到半杯以下，才會給你加酒，絕不勸酒。最讓我感到新鮮的是，參加宴會的瑞士人在吃完主菜後，都會用面包蘸著盤中的菜汁吃得津津有味。這與我們中國人的用餐習慣大不一樣。

最初，我對這種「光盤」現象還有點兒看不起呢，覺得太小氣了！後來發現，瑞士人不僅官方宴請如此「光盤」，老百姓家裡用餐也是這樣。我慢慢地了解到，瑞士是世界上數一數二的富國，可是在幾個世紀以前，它卻很窮。瑞士境內多山，幾乎沒有任何礦產資源。許多青壯年為生活所迫，不得

不背井離鄉,去歐洲一些大國當僱傭兵,替人賣命為生。正因為這樣,造就了瑞士人勤勞節儉的美德和辦事講究效率、工作一絲不苟的作風。瑞士人富而不奢,從不揮霍浪費,是值得點讚的好民風。「入鄉隨俗」,在以後的宴請中,我也像瑞士人一樣「光盤」。

「跟著我車走!」

伯爾尼是瑞士聯邦首都,主要外交活動在此進行,但有時也會去日內瓦、蘇黎世等大城市參加一些活動。去外地,司機對道路情況就不像對伯爾尼那樣熟悉。臨行前,我和司機會在地圖上查看清楚活動地點和行車路線。但到了那個城市,尤其是晚上,還是不那麼容易找到該去的地方。外事活動講求準時,轉了幾圈還找不到地方,我心裡不免有些著急。此時,我會下車向當地人打聽路怎麼走。蘇黎世是德語區,當地人一般不愛講法語,急得我只好用蹩腳的英語和德語與他們溝通。如還不能解決問題,瑞士朋友會說:「跟著我車走!」那人開車在前面帶路,我們車緊跟著,左拐右拐,很快就到了活動地點。此時,他向我們招手說「再見」,我們也揮手說「謝謝」。如果時間允許,我會下車拉著那人的手致謝,並送上一份小禮物。

這樣的事,在我任期內遇到過好幾次。

瑞士農家樂

五月的一天，我和文化處領導驅車前往汝拉地區，與一個畫廊老闆商談舉辦中國圖片展事宜。回來途中，轎車因機械故障無法前行，拋錨在前不著村後不著店的地方。我們徒步走到一個很小的村莊，向修車小鋪老闆說明情況。他讓我們先在他家休息，自己和兩個夥計把車拉回來檢查。檢查後，他說：「車有一個零件壞了，需要更換，而這個零件我這裡沒有，需要到別處配。恐怕你們今天走不了。」他接著說：「這裡地方很小，沒有旅館可住，如不嫌棄就吃住在我家吧！」經請示大使，我們可以住一個晚上，等車修好後再返回。

這家的房屋木質結構，高大寬敞，但陳設簡單。一半是生活區，有幾間臥室，還有一張大餐桌；另一半是庫房，擺放著各式農具和雜物。他家共有四口人，夫婦倆、一個三四歲大的男孩和一位七十多歲的老奶奶，還有一隻可愛的大黃狗。聽說我們是中國人，老人很興奮，長時間打量著我們說：「我從來沒有見過中國人。聽說在中國，男人是留長辮子、穿長衫的。今天中國人就站在眼前，完全不敢相信，除黃皮膚、黑頭髮、黑眼睛外，與我們並無多大不同。」

晚上，全家人和我們同在一張長形大桌上用餐。先是熱氣騰騰的蔬菜湯，面包是大的黑面包，現場用刀子割。主菜是柴雞肉和香腸供選擇，配有

水煮土豆。喝的是葡萄酒。席間，大家天南海北地聊天，互祝身體健康、家庭幸福，並為中瑞兩國友好、兩國人民友誼乾杯。我們還回答了許多關於中國的問題。雞是自養的，土豆是自產的，香腸、奶酪是自製的——吃的全是純天然的綠色食品。雖然沒有山珍海味，但這卻是我在瑞士吃的最香的一頓晚餐。

晚飯後，我們兩人在村子裡散步。村子連著田野，十分寂靜，路上行人很少，偶爾能聽到一兩聲犬吠。這一夜，我們睡得特香。

第二天上午，車子修好了，我們付清了所有費用，與全家老小一一握手辭行。我們的車子開遠了，還見他們站在屋外向我們揮手。四十年前，在不經意中體驗了一次瑞士農家樂，至今仍記憶猶新。

都想買瑞士表

瑞士是「鐘錶王國」，瑞士錶甲天下，無人不知，無人不曉。來使館後，我積攢了將近半年的生活費，買了一隻「歐米茄」全自動錶，十分喜愛。附近的中國使館同事，甚至遠在非洲的使館同事也委託我們為他們購買瑞士錶。

當時，我國每年都從瑞士進口一定數量的錶，以滿足國人的購買需求。錶廠為增進友好關係、聯絡感情，不時邀請我使館人員去參觀，車接車送，

瞿宏法（右1）陪使館領導參加「認識中國社」朋友活動。

還管午飯，大家報名十分踴躍。

參觀時，我仔細聽介紹，認真觀看。錶廠廠房寬敞明亮，工作環境整潔乾淨，工人幹活一絲不苟，給我留下深刻印象。與錶廠人員交談中，我了解到瑞士錶廠大都集中在西部汝拉山區和北部地區，因為那裡土地貧瘠，地形高寒。在漫長的冬季裡，農民往往無農活可做，製錶技術傳入後，形成了對他們來說非常合適的家庭工業。他們夏時耕耘，冬時做鐘錶，既是農民又是鐘錶匠。久而久之，就形成了瑞士鐘錶重要的生產中心。

瑞士有錶廠千餘家，所產手錶出口到世界各地，以至瑞士人自豪地說：「我們向世界提供了時間！」

「認識中國社」的朋友們，好想你們呀！

來使館初期，我在文化處工作，有機會同瑞士

對華友好組織——法語區「認識中國社」的朋友們打交道，彼此結下了深厚的友誼。雅蓋先生和夫人曾在南京大學當過法語教員，回國後積極介紹中國，吸引了不少瑞士人。他們最先在其家鄉拉紹德封成立了「認識中國社」，成員多係中下層人士，其中很多也曾在中國工作過。他們通過放電影、搞展覽介紹中國情況，讓更多的瑞士人了解和認識中國。他們利用工作之餘，在學校和公眾場所舉辦活動，從不索取報酬。使館為支持他們工作，有時會送去一些中國葡萄酒和小手工藝品，以確保活動取得成功，吸引更多的人。我陪著文化處領導應邀參加這些活動並擔任翻譯，更多的情況下是獨自一人與他們聯繫商談並參與其中。

每年「認識中國社」的領導成員和他們的家人都應邀來使館做客。我陪他們觀看剛從國內送來的新電影，中午用最好的中國飯菜款待他們。臨別時，大人小孩都說：「謝謝你們，讓我們在中國度過了最美好的一天。」我也曾多次應邀去他們那兒做客。他們的熱情款待使我深感瑞士人民對中國人民的友好感情。後來，我調往中國駐法國和駐比利時使館工作，與他們當中的幾個人還保持電話聯繫，互致祝福和問候。他們多次邀請我再去瑞士做客，我很受感動，雖因公務在身終未能成行，但這份情意深深地留在我心中。

我忘不了為加強中瑞兩國友好關係和兩國人民友誼而辛勤工作的「認識中國社」的朋友們。我好

想你們呀！闊別幾十年，你們還好嗎？我們都已步入暮年，望你們多多保重。祝你們大吉大利，全家幸福！

瑞士政壇元老馬克斯・彼蒂彼愛

　　瑞士是最早承認並與新中國建交的西方國家之一。在兩國友好關係日益加強、雙邊往來與合作不斷擴大的今天，我們不會忘記那些為此作出過重大貢獻的人士。在這些人士中，不能不提及瑞士政壇元老馬克斯・彼蒂彼愛。彼蒂彼愛先生生於一八九九年，一九四四年當選為聯邦委員，一九四五年出任外交部長，一九五〇年、一九五五年和一九六〇年三次輪任聯邦主席。一九六一年六月三十日，他因健康原因辭職並退休。在擔任外長期間，他衝破各種阻力，促成中國和瑞士聯邦於一九五〇年九月十四日建立正式外交關係並互派公使。

瞿宏法陪同陳志方大使（中）參加外事活動。

一九五四年六月，在日內瓦會議期間，周恩來總理應邀訪問伯爾尼，同瑞士聯邦主席陸巴特爾和外長彼蒂彼愛進行會談。一九七三年五月九日，周恩來總理在北京同應邀訪華的彼蒂彼愛再次會見。為了準備這次訪華，我有幸受大使委派前往彼蒂彼愛住所向其轉交外交學會的邀請函，並了解他對訪華的具體要求。那天天氣晴朗，我和同事王慶忠先生乘火車前往法語區的美麗城市紐沙泰爾拜訪彼蒂彼愛。他家坐落在紐沙泰爾湖畔，景色秀麗，環境幽靜。一進門，就看見他與周恩來總理握手的大幅照片擺放在客廳顯眼處。老先生個子較高、偏瘦，精神很好。一落座，他就同我們講起當年他和周恩來總理友好會晤的情景。從中可以看出他對中國的友好感情。他說，他雖退出瑞士政壇多年，但仍關注中國的發展，對中國取得的偉大成就十分欽佩，期望在有生之年還能去中國親眼看看，再次與老朋友周恩來會見。他對外交學會的訪華邀請欣然接受，並表示感謝。

訪華回國後，老先生來我館參加招待會，對李雲川大使說：「訪華非常成功，了卻了我多年的夙願。」他還說：「病退後，我在瑞士政壇已塵封多年，謝謝你們把我從中撈了出來。哈哈哈……」

一九七六年一月八日，周恩來總理逝世。使館設靈堂接受瑞士朋友的弔唁，我在客廳負責接待。前來弔唁的人很多，排成長隊。在人群中，我一眼就看到了彼蒂彼愛老先生，忙走上前打招呼並陪他

在靈堂弔唁。他先在周恩來遺像前默哀良久，表情凝重，最後在留言簿上籤名後緩緩離去。我一直送他到使館大門外。

一九九四年三月二十五日，彼蒂彼愛因病逝世。他對中瑞兩國友好關係的建立和發展所作出的重大貢獻，將永遠載入史冊。

雨傘結友情

吳清和

（中國外交部退休幹部，原駐瑞士使館一等秘書）

二十世紀八〇年代中，我曾在我國駐瑞士使館工作。瑞士是個山區國家，經常下雨，雨傘是需常備的生活用具。

那時我國向瑞士出口一批雨傘，這雨傘是用竹子和紙做成的，傘面的紙經桐油浸泡過，防水性能很好。瑞士海關在開包檢查時，發覺有一股桐油的氣味而不敢進口這批貨。其實這氣味很快就會散去，對人並無任何不良影響。使館商務處只好將這批雨傘運到使館，所以那時使館宿舍樓前後有很多雨傘。華僑和留學生到使館來遇到下雨，都可以隨手拿一把。據留學生說，他們帶到學校的雨傘同學都很喜歡，很快就被同學要去了。

這雨傘的骨架是竹子的，顏色是深綠色，傘面的紙是深紅色或淡黃色，因經桐油浸泡過，被雨水淋濕後，顏色亮麗，非常引人矚目和喜愛。

一天，我也撐著這樣一把傘上街。剛走出使館宿舍樓院子不遠，一位女士從後面追上來叫住我，說她見從中國大使館走出來的人都撐這樣的雨傘，她覺得中國雨傘非常美，她很喜歡，問能否到中國

大使館去買一把中國雨傘。我笑著把我手上的雨傘遞給她，並對她說，您不用買，把您手上的傘和我交換就行了。她接過我的雨傘，非常欣喜，我撐著她的塑料雨傘繼續往前走。

過了幾天，這位女士到使館來找送給她雨傘的Madame（女士）。根據她的描述，使館傳達室的同志估計她找的是我。我到傳達室見了她，她說她那天從我手上接過傘後光顧看傘，還沒有來得及道謝，我已匆匆走遠了，所以今天特地來表示感謝。她請我到她家去喝咖啡。

我應邀到她家。交談中，我了解到她和她已故的丈夫都是建築工程師，夫妻倆在伯爾尼開了一家建築設計公司，丈夫在一年前去世，現在她一人經營這家公司，子女都在美國。告別時，她邀請我下次去參觀她在伯爾尼郊區的農場，品嚐瑞士農家飯。

一個星期天的早晨，她自己開車到使館來接我

吳清和（左）在農場參觀。

吳清和在伯爾尼留影。

和她一同去農場。農場在伯爾尼郊區相當高的山
上，應該說是一牧場，主要是放牧牛羊，每天向伯
爾尼提供鮮奶、奶酪等食品。養羊主要是為了生產
優質羊毛。農場由一家佃農在經營管理。中午，這
家佃農的女主人給我們做了豐盛的瑞士農家飯，有
烤羊排、農場生產的非常新鮮的奶酪和味道鮮美的
香腸、爽口美味的涼拌菜、西紅柿醬麵等。

　　她在這農場裡還有一棟度假房。午飯後，她領
我去參觀她的度假房。她說她丈夫在世時，他們週
末和節假日都到農場來過農家生活，吃住在度假
房，白天在農場幹活。丈夫去世後，她怕觸景生
情，不再進這度假房。今天是為領我參觀，在她丈

夫去世一年多後第一次進度假房。現在她每個星期天仍來農場，但只是來取一週食用的鮮奶、新鮮蔬菜等，當天就回伯爾尼。

度假房是一棟二層樓房，有寬敞的臥室、設備齊全的廚房。樓上有她丈夫做勞作的木工房和她紡羊毛線的機房，裡面有一架木質結構的手搖紡毛線機。她還坐下表演紡羊毛線給我看。

我們成為朋友。在這以後，我也幾次邀請她到使館做客。

這段經歷現在已是三十多年前的遙遠記憶了。人老易憶往事，我常回憶這段雨中在瑞士伯爾尼大街上與一位不相識的瑞士女士交換雨傘的有趣場景，懷念我那位因雨傘結交的瑞士朋友。

兩湖之間，兩國之間

王　錦

（原蘇黎世大學中國留學生）

　　時光回轉到一九九三年七月初，在經歷了十幾個小時的漫長飛行後，帶著一份對陌生國度的好奇和一絲面對未來生活的忐忑，來自中國的我踏上了瑞士的土地。

　　位於瑞士阿爾卑斯山腹地伯爾尼高地的圖恩湖（Thunersee）和布里恩茨湖（Brinzersee）像兩顆晶瑩璀璨的藍寶石，簇擁裝點著一座占盡湖光山色之美的小城 —— 因特拉肯。城如其名，因特拉肯（Interlaken）在拉丁語中的意思就是「兩湖之間」。我的接待家庭就在這個小鎮上。當我拖著碩大的行

馬蒂內利夫婦在因特拉肯的家，也是本文作者王錦在瑞士生活和工作的地方。

李被女主人伊麗莎白・馬蒂內利夫人（Frau Elisabeth Martinelli）接到家中的時候，馬蒂內利一家給我的是對一個遠行歸家孩子般的歡迎。伴著夏日熱情明豔的陽光和陣陣花香，我初次離家，進入一個完全陌生環境時的緊張感，就在伊麗莎白慈藹的微笑中消融了。經過介紹，我認識了今後我將與之同在一個屋簷下生活的家庭成員：阿爾道・馬蒂內利先生（Dr. Aldo Martinelli），因特拉肯市著名的全科醫生，當時還擔任副市長兼建委主任。由於他工作繁忙，診所及家庭的日常事務都交由夫人伊麗莎白打理。阿爾道還有一位年邁的老母親，四個孩子中還住在家中的有兩個，此外還有一隻狗三隻貓。在我還沒來得及完全記住所有家庭成員名字的時候，他們的小女兒阿德里亞娜（Adriana）因為和我年紀相仿，很快就用英語同我攀談起來。

　　大學預科很快開學了。為了練習口語，放學回家時我在火車上用可憐的德語想好一小段話，回家後見到伊麗莎白就迫不及待地背出來。伊麗莎白在與我交談時，通常也盡量用標準德語而避免使用方言。但那一大通的嘰裡咕嚕聽得初學德語的我往往是一頭霧水，只能以一串「Ja，ja」（好的，好的）的回答來掩飾自己的尷尬。由此而引起的各種令人捧腹的答非所問和誤會也就可想而知了。通常，我會幫伊麗莎白準備晚飯，酷愛意大利美食的她會邊切菜邊囑咐我到菜園裡割一點兒香料來。分不清各種香料的我乾脆每樣割幾根。

閒暇時間，伊麗莎白出去辦事訪友都會帶上我。雖然我通常搞不明白接下來會發生什麼事情，但我很喜歡她帶給我的一個接一個的驚喜。因特拉肯城市雖小，卻是瑞士很重要的一座旅遊城市，一年四季都有各種有意思的活動，吸引著八方遊客。有的活動有著悠久的歷史和傳統，如每十二年在因特拉肯舉辦一次的「阿爾卑斯山牧羊人節」（Unspunnenfest），及每年夏季由當地居民自導自演的露天情景劇《威廉‧退爾》。

　　阿爾道每天忙完接診工作，還要處理市裡的工作。一起吃晚飯的時候，他常常詢問我們當天的情況。有一次，我在雨天騎車打傘，恰好阿爾道開車經過，我還高興地向他揮傘致意。晚飯後，老先生嚴肅地提醒我騎車時要穿雨衣，不能打傘。他還會詢問我學校裡的情況。大多數時候他只是傾聽，不作過多的評論。

　　微風徐徐的夏日黃昏，我們在露台上吃晚飯。阿爾道會講起他求學時的趣事及勤工儉學的艱辛。我曾問他為何在繁忙的工作之餘還要犧牲私人休息時間，兼做市裡的工作。老先生語重心長地告訴我：「唸書的時候我獲得了獎學金，這是納稅人的錢。當時我就下決心工作以後要回報社會。」他也會聊起和朋友萊辛先生在台北餐廳點啤酒，向服務生用大拇指和食指比畫瑞式的「二」，卻因手形恰好是中式的「八」，結果服務生一口氣為兩人端上了八杯啤酒。伊麗莎白則告訴我，他們上世紀八〇

年代初在上海街頭等紅燈時，被幾乎全部穿「藍制服」的黃皮膚們圍起來，還有人大膽而好奇地摸了摸她淺棕色的頭髮。

冬天來臨的時候，常常被白雪覆蓋的因特拉肯市搖身變成了滑雪者的樂園。來自世界各地的遊客使這座小城日日充滿了活力。伊麗莎白早早地為我備好了全套滑雪用具，鼓勵我上山嘗試一下。十二月初，她帶著我一起為家人準備聖誕禮物，布置聖誕樹。終於，全家聚會的日子到了。除了豐盛的聖誕大餐，最開心的是分發禮物的時刻。孩子們收到禮物時的驚喜表情與伊麗莎白慈愛的笑容在我腦海中永遠地定格下來。小狗「翁達」（Onda）也收到了一根綁著紅色蝴蝶結的超級大骨頭。全家人喜氣洋洋，百年木屋裡充滿了歡聲笑語。

時光荏苒，一年的時間轉瞬而逝。當我適應了學校裡沒有書本但依然緊張的學習方式時，我也習慣了早餐香濃的咖啡、餐後美味的飯後甜食。我知道，週末我們會一起去固定的餐廳點固定的飯菜：想吃意粉就去西站的意大利餐廳；比薩一定是在養老院附近轉角的那家餐館裡享用；中餐的糖醋裡脊要到澳門夫婦經營的店裡品嚐；至於自助餐，一定會選擇維多利亞少女峰大酒店的餐廳。夏季吃魚，要去圖恩湖邊的餐廳，老闆娘接到預訂電話後，會一如既往地準備好我們每次在此就餐的固定座位；冬季的奶酪火鍋（Fondue）和奶酪板燒（Raclette）必定在自家花園的陽光房裡由阿爾道準備，爐火和

紅酒令在座的每個人在冬夜裡如沐春風。

　　一年的朝夕相處更讓我體會到自己的事要自己做主。大學專業、週末出行、交友，所有的事情只要我願意說，伊麗莎白和阿爾道一定會耐心傾聽。即便意見相左，他們也不會把他們的意見強加給我。在看似「放任」的情形下，他們給予我的是足夠的信任。當然，這並不意味著他們對我不管不顧。至今我仍清楚地記得當我即將搬到蘇黎世時，臨行前一直稱自己為我的「Vitze Mutter」（乾媽）的伊麗莎白對我的囑咐：「不要夜裡獨自外出，不能吸毒，有任何困難馬上告訴我們。」收拾好行裝，我也把「Vitze Mutter」的話裝進了心裡。

　　不僅是對我，兩位老人像大多數瑞士父母一樣，非常尊重孩子的選擇。尤其是當兩代人觀點不同的時候，父母不會強迫子女服從他們的意志。讀大學時換專業，他們理解；工作後無論選擇做職員還是創業，他們都支持；戀愛了，他們不會橫加干涉；失戀的時候，他們默默地在一旁，告訴你家人的愛永遠都在；結婚生子時，他們送上最衷心的祝福。每當孩子們在生活中遇到困惑或者困難時，父母都會耐心而理智地和他們談話溝通。當孩子們明白處事原則和做人的底線後，所作的任何選擇不過是作為獨立個體的某種生活體驗罷了。

　　離開因特拉肯的日子，阿爾道經常習慣性地問伊麗莎白有沒有收到我的電話。伊麗莎白總是樂呵呵地回答：「沒有消息就是好消息。放心，有問題

王錦（右1）和伊麗莎白（右3）及其女兒一同觀看露天演出。

我們肯定會知道的。」

　　轉眼到了二〇〇二年。恰逢當時瑞士開始部分接受中醫治療方式，阿爾道決定在他的診所裡附設中醫診所，以一圓他多年的夢想。我欣然加入他的團隊，尋找國內優秀的中醫，裝修中醫診室，辦理各種手續。不久，因特拉肯市第一家中醫診所開始營業了。兩位中醫在工作上與阿爾道配合默契，在生活上承蒙二老照顧。我們合作得非常愉快。通過接觸因特拉肯的各種病人，我更多地了解了阿爾道的為人。老先生會在聖誕夜接到急診電話後放下餐具，冒著風雪出診。他們會收留因傷病而無法全職工作的園丁，讓其負責打理自家花園。每逢假期，伊麗莎白會提前為兩位中醫預訂好酒店，請他們在休假時儘可能多地了解瑞士的方方面面。這些點點滴滴深深地感動著我們。兩位中醫和我也會不時為老先生夫婦做一頓他們喜愛的中餐。離開瑞士前，兩位中醫一再邀請他們再次訪問中國。

　　診所運行一切順利。二〇〇五年，我把男朋友

吳睿帶回因特拉肯「見家長」。當我們在初夏的午後回到家中時，伊麗莎白正在花園裡準備燒烤的用具，見到吳睿的第一句話就是：「你帶駕照了嗎？」看到他點頭，伊麗莎白馬上囑咐：「請你去加油站旁的便利店，趕緊買一袋燒烤用的炭回來。」吳睿和我領命而去。我們買炭回來，興沖沖地準備燒烤。不多時，就聽到阿爾道的大嗓門：「伊麗莎白！」原來是吳睿剛才倒車時不小心撞碎了台階上的花盆。阿爾道不知情，還以為又是老太太撞的。伊麗莎白跑過來，同往常一樣，聳聳肩：「噢，一會兒我收拾。」兩天的時間裡，我們興致勃勃，談天說地。吳睿隨和的個性給兩位家長留下了深刻的印象。週末結束後，吳睿回蘇黎世了。伊麗莎白打電話告訴我的父母：「睿是個好孩子，如果他問我可不可以娶錦錦，我會立刻同意。」

二〇〇六年初春，當我們把即將結婚以及婚後回國定居的消息告訴二老時，他們開心地祝福我們。阿爾道當即約四個孩子回家，最後決定由小女兒和她的未婚夫陪同二老到昆明參加我們的婚禮。婚禮前，伊麗莎白作為「全福老人」為我們精心鋪設婚床。阿德里亞娜作為伴娘在婚禮上為來賓敬酒，阿爾道發表了熱情洋溢的致辭。婚禮後，伊麗莎白開玩笑地對吳睿說：「你要對錦錦好。否則她一給我打電話，我馬上飛過來。」吳睿笑答：「隨時歡迎你們來中國。」

當我們的女兒兩歲半時，我們帶她回因特拉

肯。伊麗莎白像聖誕老人一樣，每天變換花樣送她書本、玩具。至今，小傢伙過家家還喜歡拎著Nonna（奶奶）送她的竹籃子。

在兩湖之間的小城裡，還有一位傾其一生都奉獻給教育事業的因特拉肯中學前校長赫爾穆特・萊辛先生（Helmut Reichen）。他於一九七八年乘坐瑞航班機飛抵北京，從此開啟了他的中國之行。近四十年來，赫爾穆特從當年瑞士最年輕的中學校長到如今退而不休的資深教育家，為中瑞兩國中學生交流始終如一地貢獻著自己的力量。

「錦錦，你好。我是赫爾穆特。我剛給你發了封郵件，請你查收。是關於昆明中學生明年寒假到因特拉肯參加冬令營的事情。你知道，我們需要至少半年的時間做準備工作。謝謝。」電話中傳來赫爾穆特爽朗的笑聲。我的眼前不禁浮現出兩個月前在昆明見到老先生時他精神矍鑠的樣子：雪白的頭髮、黃色的 T 恤衫、卡其色休閒褲，黑色的雙肩包裡裝滿了在昆明停留期間所需的朋友們的聯繫方式、各種相關文件，以及兩年前開始固定放在夾層裡的瑞士和中國聯繫人的電話、瑞士醫生開的處方藥的名字。

初識赫爾穆特時，我還是中學生。印象中他是因特拉肯中學嚴肅的校長大人。初到瑞士，我忙於學習，週末經常在阿爾道家見到赫爾穆特，那時他像是我的德語老師，總在糾正我的發音和語法。等我和先生回國前，邀請他到昆明參加我們的婚禮。

當他得知婚禮的時間後，不假思索就說道：「謝謝你們的邀請，我一定去參加。六月六日是星期二，我會提前一天從美國趕到昆明，八號我要飛慕尼黑，九號是世界盃開幕式，我已經訂好了票。」不出所料，赫爾穆特對日程的安排還是一如既往的認真和精確，半年，甚至是一年後的日程安排他都了然於胸。

最近幾年，退休後的赫爾穆特一方面努力促進北京、上海和黃山的中學繼續與因特拉肯中學進行師生交流活動，一方面積極推進昆明的中學生交換項目。身為瑞士瑞中協會副主席，他不辭辛苦，幾乎每年兩次訪問昆明。從一開始的陌生，到如今成為昆明的老朋友，老先生用真誠、務實、高效的作風打動了昆明的老師們。每次座談甫始，赫爾穆特的開場白都會令在座的老師們莞爾：「我知道，在中國再次見面時要問候對方的健康狀況、家庭近況。為了節約時間，我就開始介紹我此行的目的吧⋯⋯」

二〇一五年春天，因特拉肯中學三十三名高中生在阿曼校長的帶領下訪問北京，參加該校與北京二中建立友好學校三十週年慶祝活動。赫爾穆特建議代表團順訪雲南。為使訪問順利進行，赫爾穆特去年兩次專程飛到昆明，和我聯繫相關事宜。老先生聯繫好接待的學校，提前半年做好日程安排：給學校發去了瑞士學生的分組名單；落實好酒店，親自試住；瑞士學生自由活動時間有可能就餐的餐

廳，我們不是試吃，就是記錄下菜品和酒水的名字及價格；前往大理的高速路上，赫爾穆特甚至研究好了沿途停車休息的加油站。所有這一切，他每晚都記錄在案。

代表團訪問雲南非常成功。瑞士中學生不僅欣賞了中國西南邊陲的多姿多彩的自然風光，更有機會接觸了解了少數民族風情。阿曼校長在感謝赫爾穆特為此而作的努力時，不禁感慨：「他是我當年的班主任。我很了解他。他一定是一邊掐著秒錶，一邊做記錄，落實每一個細節。」

赫爾穆特以他服兵役任團長時的作風，履行著代表團顧問的義務。有學生不慎遲到兩分鐘，必定會受到他的嚴厲批評；當學生們提出關於中國的問題時，他必定耐心解釋。

天公不作美。代表團即將從大理返回昆明時，高速公路嚴重擁堵。為了不耽誤接下來的行程，阿曼校長和赫爾穆特決定臨時改乘飛機回昆明。在大理一家旅行社裡，赫爾穆特堅持一份份核對機票上瑞士學生的信息。深夜十一點，結束了自由活動的學生在回酒店的路上看到我們忙碌的身影，主動送來了赫爾穆特最愛的點心。在第二天趕往大理機場的大巴上，阿曼校長向學生們介紹了改簽的情況，並解釋道：「因為我們四位成年人的機票是最後出票的，經濟艙沒有位子了，只好升艙。赫爾穆特和我建議把我們的位子換給這幾天過生日的兩位同學。」話音未落，大巴裡響起孩子們的聲音：「老

師，老師！」

　　行文至此，我的思緒不禁又飄回阿爾卑斯山中的小城。我問家中的父女二人：「明年假期我們去看望赫爾穆特、伊麗莎白和阿爾道一家，好不好？」

人物 篇

外交部長的家宴

王建邦

（中國前駐瑞士大使館政務參贊，

前駐阿爾及利亞大使）

　　瑞士聯邦委員兼外交部長格拉貝爾一九七四年
訪華後不久，就邀請我們到他家做客。按照瑞士慣
例，聯邦委員一般不與使團相互宴請，對於這次異
乎尋常的邀請，我們都作了認真準備，穿著正裝前
往赴宴。

　　出乎我們意料的是，外交部長的寓所居然是伯
爾尼居民區的一套平常公寓。客廳、餐廳與廚房相
互貫通，整體面積也不超過四十平方米，但因房間
裝飾簡約，沒有太多陳設，因而顯得寬敞明亮。格
拉貝爾夫婦也是身穿素淨淡雅的家居衣著。他讓我
們也不拘禮儀，寬鬆衣服，隨意入座。格拉貝爾告
訴我們，他家住在洛桑，在首都任職期間，聯邦政
府並不提供官邸，也無任何補貼，他們夫婦就租用
這套民房，平時寓居，週末回洛桑度假。他舉行此
次家宴，為的是讓大家多一份親切，少一份客套，
以便在寬鬆、友好的氣氛中度過愉快的時光。

　　宴會的菜餚並不豐盛，但別具特色。除了蔬菜
沙拉之外，主菜就是瑞士風味的「烤奶酪」

一九七六年，王建邦
（中）與瑞士聯邦政府
秘書長在聯邦政府內
交談。

（Raclette）。我雖在瑞士工作多年，但還是首次品
嚐。格拉貝爾向我們詳細說明了這道名菜的來歷。
他說，瑞士牧民常年在山區放牧，經常將奶酪烘烤
融化，與面包同食。由於它味道濃郁醇香，營養豐
富，因而受到瑞士人的青睞，成為尋常百姓家的一
道美食。即使在其他鄰國，也是名聲遐邇。他在作
這番介紹時，臉上露出得意的笑容。

　　宴會開始時，格拉貝爾夫婦按照瑞士習俗，男
主人親自下廚烘烤，女主人則以嫻熟的動作將融化
的奶酪一份份送上餐桌。奶酪香與酒香融合在一
起，瀰漫全屋。格拉貝爾在餐桌上也是開懷暢飲，
暢敘訪華觀感。此人雖不是資深外交家，但深諳國
際局勢，是瑞士開放政策的倡導者與執行者，並為
此策劃出一系列具有前瞻性的舉措，以開拓瑞士的
對外聯繫。為了政治上借重中國，拓展中瑞貿易，
他開創了瑞士國家領導人訪華的先河，受到中方高

規格的接待。姬鵬飛外長親赴機場迎接，與他進行了深入細緻的會談。鄧小平副總理還兩次予以接見，深入交談了發展兩國關係的設想。格拉貝爾對小平同志的高瞻遠矚和勵精圖治的宏偉氣魄盛讚不已。他還滿懷激情地敘述了在華的所見所聞，喜悅之情溢於言表。當我們舉杯祝賀他訪華成功時，他說，這次訪華非常滿意，是他外訪中最成功的一次。說到此處，他突然話鋒一轉，半慍半笑地說：「你們的接待人員竟然說我是『酒鬼』，讓我十分尷尬。」看到我們面帶詫異，遂又笑嘻嘻地說，這是翻譯的一個錯誤，把「酒仙」譯成了「酒鬼」，引發大家哄堂大笑。我們知道，格拉貝爾性格豪爽，幽默風趣，常常語出驚人。他這次也來一番幽默，無非是為了活躍氣氛，增添聚會的樂趣。我們也藉機告訴他「酒仙」是個美稱，唐代大詩人李白就自稱「酒仙」，文思敏捷，可以「鬥酒詩百篇」。他立刻表示還要找機會訪華，再當一次「酒仙」。

宴會盡歡而散。格拉貝爾夫婦把我們送到門口，一邊握手，一邊說道：「這次是我們的一次『閉門外交』，但我的大門向你們敞開。你們在伯爾尼街頭漫步時，隨時可以過來敲門。」

在我的外交生涯中，參加過多次豪華的盛宴，但在腦海裡多是一掠而過，唯有這次平平淡淡、親親切切的家常聚會，卻感到了一種特殊的味道。我把它記錄下來，作為中瑞友好關係的一段佳話。

難忘的友誼

戴預璋

（中國記協國際部前副主任）

在紀念中國與瑞士建交六十五週年的日子裡，我腦海中常湧現出許多我在中華全國新聞工作者協會（簡稱「中國記協」）工作期間結交的瑞士朋友，有的交往了二十多年。我六十歲退休後，同他們還一直保持聯繫。他們對友情的珍視，令我十分感動和難忘。下面，我介紹一些與幾位瑞士朋友交往的故事。

前瑞士駐華大使周鐸勉先生（M. Dominique Dreyer）一九八〇年曾陪同中國記協的中國新聞代表團在瑞士訪問，當時我是代表團的法語翻譯，他是瑞士外交部年輕的外交官，我們結下了友誼。沒想到，後來他多次被派到瑞士駐華使館任外交官：一九八四年任文化參贊，後來又擔任公使，一九九九年任大使，二〇〇四年離任回國。在這期間，我們經常來往。他曾推薦我參加中央電視台《正大綜藝》的一期介紹瑞士的節目。一九九八年我退休後，仍經常被邀請參加瑞士大使館舉辦的活動。每逢過年，我都會收到使館寄給我的一盒精美的瑞士巧克力。

如今，周鐸勉先生也退休了。他在華工作多年，對中瑞兩國友好關係的發展作出了很大貢獻。

一九八六年，我又隨一個中國新聞代表團第二次訪問瑞士。瑞方全程陪同訪問的是外交部的芭蘇吉夫人（Mme. Danielle Pasquier），她後來也隨一個由我會接待的瑞士記者團來華訪問，正巧我擔任陪團兼翻譯。我們成了很好的朋友。直至今日，我們都互相通信問候。她比我大幾歲，身材高大，性格活潑開朗，一直獨居未婚。一九九五年，我隨記協一個新聞代表團訪問波蘭和阿爾巴尼亞，其中有一段路程要經瑞士蘇黎世機場轉機。到蘇黎世後，我想起這位瑞士朋友，於是就在機場給芭蘇吉夫人打了個電話，主要是問候一下。但她知道我們在機場會停留幾小時後，堅持要到機場見我。她居然從她

一九八〇年，周鐸勉先生（後排右1）陪同中國新聞代表團在瑞士訪問。

住的城市趕到蘇黎世機場，陪同我們代表團一行四人在蘇黎世附近觀光，並花錢請我們吃了一頓西餐，我們大家都很感動。

最近兩年，她寫信給我說，她年事已高，經常有病。我衷心祝願她健康長壽！

梅芙麗和康波狄夫婦（Meuwly-Campiotti）一九八二年至一九八五年是瑞士《二十四小時》報社常駐北京的記者。他們的家鄉是法語區的洛桑市。他們經常參加中國記協組織的活動。我們在交往時講法語，慢慢成了好朋友。她們常說很愛中國，離任後，還經常來華採訪或旅遊。康波狄去四川爬過峨眉山，汶川大地震後去過都江堰。他們只要到北京，都和我聯繫，相約見面。有時也請別的朋友，包括以前她們的翻譯和保姆一起聚會，還給大家帶來一些禮物，可見她們對友情的珍重。她們有一個女兒，在北京時還很小，後來上大學時學醫，成了

戴預璋（左）與芭絲吉夫人合影，一九九五年。

一名精神科大夫。

　　離開《二十四小時》報社後，他們到《時代》報社工作，並常駐美國幾年。二〇〇一年，她們在紐約趕上了九月十一日美國世貿中心雙子塔樓被炸燬的事件。當時他們就住在世貿中心附近。我收到過他們從美國發給我的信件，介紹他們在美國的工作和生活情況，特別是「9‧11」事件給他們的工作帶來的忙碌。不幸的是，梅芙麗夫人因患白血病於二〇一〇年去世了，而我丈夫也在二〇一一年去世。此後，康波狄先生和我常通信，互致安慰與鼓勵。二〇一三年，他又來中國採訪，在上海給我打了個電話，說他路過北京時會前來看我。到北京後，他終於找到我家，探望了我這位已七十六歲的老朋友。在這之後的通信中，我知道他仍在勤奮地工作著。我衷心地祝他健康、快樂！

　　此外，我特別想介紹的朋友是一位瑞士的老報人馬賽爾‧巴士先生（M. Marcel A. Pasche）。我們只有一面之交，但友誼卻延續了近十年。一九八〇年，「文革」後中國記協恢復活動，應邀派出第一個新聞代表團訪問瑞士和比利時。代表團共六人，我是法語翻譯。代表團訪問瑞士的第一站是洛桑市的《二十四小時》報社，出面接待的主要負責人是《二十四小時》的創始人、瑞士法語新聞出版集團（Edipresse）副總經理馬賽爾‧巴士先生。他看起來五十歲上下，很熱情。我記得他是同我行擁抱貼面禮的第一個外國人。那是我第一次出國，對這

種禮節還很不習慣，但從此也給我留下了深刻的記憶。

九〇年代起，中國記協國際部建立了每年分發賀年卡的制度，即每年新年都向駐京記者以及出訪和接待來訪中結交的新老朋友發送賀年卡，以加深友誼和聯絡感情。我當然不會忘記這位行貼面禮的巴士先生。我在給他發的賀年卡上附言，問他是否還記得我們。不久，我收到他回覆的賀卡，上面寫道：「你的賀年卡吸引了我極大的關注。我記得你和你們中國代表團在洛桑的逗留。也許有一天，我會請你擔任我訪問北京的嚮導呢！」從此，我們建立了聯繫，每年都交換賀年卡，互致新年的美好祝願。

有一次，他寄來了他和三個小孫子在一起的照片，其中有一個兩三歲的小男孩長得很像中國人。他在信中寫道：「你一定很高興知道，我的女兒和一位美籍華人結了婚。我現在已有了一個非常活潑可愛的歐亞裔小外孫！」他的女婿是華人，難怪他在信中簽名的下邊蓋了一個中文「巴士」印章，所以我把他的名字譯為「巴士」。

此後幾年，我每年收到一本他寄來的掛曆。那是一種紙張很厚、方形的、上面印有各種動物或風景的油畫或照片的精緻掛曆。許多見過的同志都非常欣賞。原來，他退休後又創辦了一個名叫《阿尼曼》（Animan）的雜誌社。

二〇〇一年，我突然收到一封很厚的信件，裡

面夾有許多報刊的剪報。原來巴士先生被法國總統
希拉克授予騎士勳章，表彰他為法語新聞出版業在
世界各地所作的貢獻。從這些剪報中，我了解到巴
士先生一九三一年出生，十七歲就從事新聞工作，
從《體育週刊》的記者做起。他一輩子忠於新聞事
業，開拓進取，被讚為「無私無畏的勇士」。他所
領導的法語新聞出版集團在瑞士創辦了如《日內瓦
論壇報》《晨報》《二十四小時》等知名的法語報
刊，還通過多種形式到世界許多國家去辦報紙和雜
誌，如法國、阿爾及利亞、扎伊爾（今剛果民主共
和國）、西班牙、葡萄牙、波蘭、羅馬尼亞、希臘
等國。簡報中還附有二〇〇一年九月六日法國駐瑞
士大使給他佩戴勳章的照片，我看後真為他感到驕
傲。

又過了兩年，我突然沒有了巴士先生的消息，
寄給他的賀年卡也沒收到回覆，也沒有了掛曆。我

當時很納悶，但我的賀年卡還是照常寄出。最後，在二〇〇五年十二月，我收到一封來自《阿尼曼》雜誌社的信件，上面寫道：「夫人，我非常遺憾地告訴你，馬賽爾·巴士先生已於二〇〇四年十二月八日因患癌症不治去世。作為雜誌社的繼承人，我不得不打開你給巴士先生的信件，不得不通知你這個不幸的消息。……」

收到信後，我的心情久久不能平靜。我深深地懷念這位與我只有一面之交，但友誼卻延續了近十年的瑞士資深老報人。

安息吧！巴士先生！

遠方的思念

——回憶與瑞士駐華大使周鐸勉的友好交往

關呈遠

（中國外交部西歐司原司長，

前駐歐盟和比利時大使）

　　瑞士是我外交生涯中第一個常駐的國家，也是我在外交部工作期間經常打交道的對象，自然結識了不少朋友，令我至今念念不忘。但我印象最為深刻的是瑞士駐中國特命全權大使 Dominique Dreyer，中文名字叫周鐸勉。這首先因為，周鐸勉是一位真正了解和熱愛中國的瑞士人，是一位為中瑞互利合作和兩國人民交往傾注大量心血的友好使者，令我非常敬佩。其次是許多美好的巧合把我們聯繫在一起：我們是同年出生（1945 年），同年進入外交界（1972 年）。我於一九七八年到中國駐瑞士大使館工作時與他相識，從此結下不解之緣：我於一九八四年回國，他於同年被任命為瑞士駐華使館參贊；一九九二年我被派到中國駐法國使館工作，同期他也被調到瑞士駐法國使館任職；一九九六年我回國任外交部西歐司副司長，他又來到中國任駐華使館公使；一九九九年我升任西歐司司長，他也升任瑞士駐華大使。……外交職業本來是漂泊

四海，像我們這樣機緣巧合者真不多見，這也使我們比別人有更多的接觸，也有比別人更多的相互了解和長遠友誼。

相識伯爾尼

　　我與周鐸勉首度相逢是一九七八年在中國駐瑞士使館的一次宴會上。那時，我剛剛到瑞士首都伯爾尼不久，任李雲川大使的禮賓秘書兼法文翻譯。李大使是一位德高望重的老革命，雖然不懂外語，對外交往需要翻譯，但他政策水平和外交藝術高超，工做作得有聲有色。中瑞兩國關係在他的任內得到全面深入發展，瑞士政經各界朋友特別是高層人士經常是我使館的座上客。

　　那天，正好是宴請外交國務秘書，他是瑞士外交部二把手，李大使非常重視，反覆囑咐我做好翻譯準備。賓主落座後，李大使首先致歡迎辭，高度評價中瑞關係以及外交國秘本人對此所作的重要貢獻，聲情並茂，文采飛揚。他講一段我翻譯一段，完整準確地表達了大使的心意。客人們對李大使的講話頻頻點頭稱是，不時露出會心的微笑，最後報以熱烈的掌聲。接下來，瑞士外交國秘致答詞，他也許是出於激動，長篇大論一氣呵成，中間還夾帶幾句瑞士德語。我頓時感到有些緊張。但正當我要開始翻譯時，國秘先生卻示意要我休息，由坐在他身邊的助手來翻譯。我定神一看，這位瑞士人年紀

與我相仿，面龐清秀，目光沉穩，一開口就令在座的中國人為之讚嘆，因為他的漢語不僅通順流利，而且用詞準確優雅，國秘先生的長篇講話他基本完整譯出，足見其記憶力之好。我看了看他的座位卡，上面的外文是 Dominique Dreyer，中文名字卻是中國味十足：周鐸勉。

作為翻譯同行，我對他產生了濃厚的興趣。在私下交談中了解到，我們倆恰巧都是一九四五年出生，又都是在一九七二年開始從事外交工作，都愛好文學和藝術。他告訴我，中國古典四大名著他都讀過，尤其喜歡《紅樓夢》；他也涉獵過經史子集，對《論語》和《道德經》最為推崇。此外，他還學習了中國的書法，甚至醉心於中國的古琴。會講漢語的外國人我已見過不少，但像周鐸勉這樣全面了解和熱愛中國歷史文化的外國人真的為數不多。當我稱讚他是真正的「中國通」時，他非常謙虛地說還不夠，還要繼續努力。他的這種謙和態度，更增

關呈遠為李雲川大使（中）作翻譯。

加了我對他的好感。

此後，我們經常在各種外交場合見面，有時還就中法文的翻譯問題相互切磋，難忘的友誼由此結成。

再會於北京

我在瑞士工作六年之後，於一九八四年奉調回國。本來以為此時與周鐸勉一別，今後將很難再見，沒想到他也於當年來到北京，任瑞士駐華使館參贊。當時我任外交部西歐司綜合處副處長，主管的是與瑞士無關的歐共體事務。但無巧不成書，我的夫人胡祖楨卻被安排專門負責對瑞士工作。於是，我們與周鐸勉又有了更多接觸的機會——當然，我經常是作為「配偶」出席有關活動。這倒使我與周鐸勉之間的交談更加輕鬆、更少拘束，因為我們可以「不談正事」。

每次到他家裡做客，彼此都情不自禁地回憶起在伯爾尼的愉快往事。我們也經常討論翻譯問題，比如瑞士首都名音譯為伯爾尼，何不直接按意譯翻成「熊城」更能體現歷史淵源，更何況至今市中心還有一個碩大的「狗熊洞」？再比如伯爾尼南郊有一座山，那是一個攀登休閒的好去處，以音譯名叫「古爾騰山」，但中國使館的人卻叫它「狗登山」，雖貌似不雅，然而好記也不失詼諧。我們常常從瑞士的四種語言談到中國的諸多方言，說到開心處不

禁放聲大笑。我們也會回首共同促成的鐘錶、精密儀器、農牧業等領域的合作項目，其中不止一次地提到，當年中國從瑞士引進二百頭西門塔爾優質奶牛，在把它們送上飛往中國的專機時，它們的主人專程前往送行，而且眼淚汪汪，依依惜別，幾年後還提出希望來中國「探親」，看看這些奶牛在新家園裡生活得是否幸福⋯⋯

周鐸勉有時會主動對中國的改革開放提出一些看法和建議，特別是有關法規要與世界接軌的問題，他的觀察相當細緻，評論頗有針對性，態度也很誠懇友善。他也曾問我如何才能更進一步地了解中國，我則建議他不要總是待在北京，而應到各省市去參觀訪問，這樣不僅可以深入了解中國的文化和歷史傳統以及各民族不同的風俗習慣，而且可以了解中國在各領域的需求，擴大中瑞兩國的互利合作，為瑞士產品和技術打開新的市場。對這些，他聽得非常認真，強調我們的想法不謀而合。

在這段歲月裡，我們的友好交往進一步深化，可以用兩個字來形容，那就是：「真誠」。

重逢在巴黎

一九九二年，我被派駐法國，任中國大使館參贊，我的夫人胡祖楨任大使秘書，後為使館辦公室負責人。有一次，在某國家使館的國慶招待會上，我們在熙熙攘攘的人群中發現了一個熟悉的身影，

關呈遠夫婦在瑞士。

我倆幾乎同時脫口而出：那不是周鐸勉先生嗎？就近一看，果然是他，就是他！我們都感到喜出望外，彼此熱烈握手，互致問候。交談中得知，他現任瑞士駐法國使館公使，而且已經與一位日本女子喜結連理。我們連忙向他表示由衷的祝賀，他則熱情地邀請我們去他的新居做客。

幾天後，我們應約驅車到他的官邸共進晚餐。他的住處位於巴黎塞納河畔，是一套寬敞的豪華公寓。我們抵達時，他和新婚夫人已在門口迎候，彼此熱情握手擁抱，然後步入古色古香的客廳。從陽台的窗戶向外望去，塞納河的美麗夜景盡收眼底，沿岸樓宇燈火輝煌，河面上遊艇往來穿梭，水波瀲瀲，濤聲隱隱。室內陳設都是法式古典家具，但到處充滿中國情結。書架上滿是中文書籍，一張古琴擺在茶几前。他的夫人是典型的日本淑女，取了一個很有詩意的名字：三井圓子。她的妹妹名字也很好聽：三井葉子。圓子的法文非常流利，漢語說得也不錯。我們聊天時偶爾用法語，更多用漢語。談起他們的戀愛史，原來他們是在巴黎邂逅相識，一見鍾情，遂成眷屬，而會講包括中文在內的多種語言也是其中因素之一。我們送給他們中國產的絲巾、領帶和首飾盒作為新婚禮物，祝他們幸福美滿，他們夫婦都很喜歡，一再表示感謝。晚飯開席，從頭到尾都是地道的中國菜。更有意思的是，晚飯後他把廚師介紹給我們，孰知一見面，竟是老熟人：原來他把在北京工作時錄用的郝師傅帶到了

巴黎。雖然主要是因為郝師傅的手藝和人品好，但周鐸勉對中餐的喜愛由此可見一斑。

美麗的夜景、豐盛的晚餐、愉快的交談，巴黎的這一友好聚會永遠銘記在我的心中。

惜別情依舊

一九九六年，我回到北京任外交部西歐司副司長，而周鐸勉比我早幾個月又被調到中國任公使。巧合還不止於此：三年之後，他升任瑞士駐華大使，而我也幾乎同時升任司長。在這段時間裡，我們之間工作上的聯繫很多。瑞士是最早同新中國建交的西方國家之一，兩國關係一直穩定向前發展。隨著中國改革開放的進程，中瑞合作更加廣泛和深入。周鐸勉作為瑞士駐華使節多方推動，使兩國在政治、經貿、科技、文化、教育領域的合作取得豐碩成果。特別是中國國家主席江澤民對瑞士進行正

一九九九年三月，江澤民主席訪問瑞士，瑞士聯邦主席德萊富斯女士到機場迎接。這是中瑞建交以來中國國家元首首次對瑞士進行國事訪問。

式訪問時，他做了大量準備工作，我們之間的配合密切而且卓有成效。即便是遇到問題，也總是從善意的角度共同尋找解決辦法。記得有一次，他奉命來向我提出交涉，因為中國醫院救護車的標誌是紅底白十字，與瑞士國旗相似，瑞士國內有人提出了意見，希望中方修改。對他代表瑞士所作的交涉，我一方面應允向上級報告並向有關方面轉達，同時也作了必要的解釋和澄清，說明有關標誌與瑞士國旗並不雷同。周鐸勉表示理解，但建議中方再作些努力以示區別，以免瑞士人誤解。

後來，這一問題經過技術處理，達成了雙方都接受的結果。現在，每當我看見加了花邊的救護車標誌時，就會想起周鐸勉，想起我們之間的外交活動，也就更加堅定了我的這種信念：如果彼此都從善意出發，任何問題都是不難解決的。

外交也和軍隊一樣，是鐵打的營盤流水的兵。外交官在一個國家裡工作幾年之後，總是要離任的。周鐸勉在駐華大使任上工作了不到三年，隨後奉調出使印度。即將離任時，他邀請我和夫人以及外交部的不少同事到他的官邸小聚，專門邀請極負盛名的小提琴家盛中國夫婦為大家演奏《梁祝》。我不知道別人是怎麼想的，但我心裡清楚，他是在為即將離開中國、即將告別他熟悉的國度和眾多朋友而憂傷，我也為即將同這位傑出的大使和真誠的友人天各一方而難過。這次依依惜別的一幕令我至今難以忘懷。

不久之後，我也被調任中國駐歐盟使團團長兼駐比利時大使，從此與周鐸勉再未謀面。白駒過隙，歲月如梭。如今，我和周鐸勉先生都已步入古稀之年。幾十年的友誼令我不禁常常叨念：周鐸勉先生，你還好嗎？

　　在慶祝中瑞建交六十五週年之際，謹以此文表達我對老朋友周鐸勉先生的無限思念，並祝願中瑞友誼與日俱增！

使館的貴族鄰居

趙黎莉

（中國駐瑞士大使館前外交官）

我於一九七二年至一九七九年在中國駐瑞士大使館工作。

在瑞士首都伯爾尼市中心東南方向的一個著名的別墅區內，有一條名為卡爾亥格路（Kalcheggweg）的幽靜的、東西走向的街道。中國大使館就坐落在這條路的十號院內。走進黑黝黝的鑄鐵大門，展現在眼前的是一個長方形的不太大的院落。院內長著美麗的紅楓、樹冠碩大的毛栗和核桃樹。在大門西南側，院落的正前方是一棟坐北朝南的漂亮的別墅，這是使館主樓。主樓一層是宴會廳和幾個大小不等的會客室。宴會廳外面有一個寬大的陽台。到了陽台上，才發現原來主樓是建造在山坡上的。從陽台居高放眼望去，可以看見周圍錯落有致、形態各異的建築和遠處美麗壯觀、綿延不斷的山巒。陽台下面是一片由高及低緩緩展開的、綠茵茵的、修葺齊整的大草坪。草坪上有一些蘋果樹和一棵木梨樹。從陽台東側或西側逐級而下，沿著一條依地勢而修築的石徑，便可環草坪一週從陽台的另一側走上來。草坪的南端是一個不大的球場，再過去就是

使館的後門了。順著草坪東側的小路旁樹立著一排鐵絲網，緊靠鐵絲網是一排鬱鬱蔥蔥但不甚茂密的灌木，這便是使館的東圍牆。圍牆另一邊是鄰居家的後花園。

很長時間裡，我並不認識這家鄰居。只是在小徑上散步時，有時會透過樹間縫隙瞥見一位婦人在另一側的花園裡忙碌著。偶爾，兩人的目光交匯，我們會相互微笑，點頭致意，僅此而已。直到有一次隨李雲川大使夫婦去鄰居家拜訪，我才得以走進那棟坐落在使館東側的深灰色、古老而氣派的別墅，並有幸與其女主人近距離接觸。

別墅女主人的名字叫馮·施泰格爾（von Steger）。乍一聽到這個名字，我腦子裡一閃：瑞士人凡姓氏中間帶有 de 或 von 字樣的人，多半都是古代貴族的後裔。馮·施泰格爾夫人該不會也是貴族的後裔吧？

那天，馮·施泰格爾夫人在別墅門口笑容可掬地迎接李雲川大使夫婦。在她的引領下，我們步入大廳。落座後，我環顧四周，大廳裡燈光稍許有些昏暗，卻十分柔和。精心放置的家具古樸典雅，垂感極好的落地窗簾花色傳統，再加上色澤搭配得恰到好處的布藝，大廳整體給人以凝重和溫馨的感覺。我暗地裡由衷地讚賞女主人對色彩和家居裝飾的獨特品位。最令人感到震驚的是，在大廳和通往二樓的樓梯旁的牆壁上掛了許多人物肖像油畫。畫中人物身著上個世紀乃至十八世紀的華麗的宮廷服

裝，髮型極為考究。馮・施泰格爾夫人介紹說，油畫裡的人物都是她們家的祖輩、曾祖輩甚至更高輩分的親人。她的話驗證了我的猜想，果然，她是地道的貴族後裔。

馮・施泰格爾夫人時年七十歲左右，身板筆直，慈眉善目，文質彬彬。她為我們端來親手準備的濃香的咖啡和各色小點心後，優雅地在李大使夫婦側面的沙發上坐下。她說，她非常高興大使夫婦能到她家拜訪。大使說：多年來與夫人為鄰，彼此間友好相處，互相關照，我們對有夫人這樣的鄰居感到高興。馮・施泰格爾夫人表示，能成為中國大使館的近鄰，她深感榮幸。她說，她喜歡旅遊，更偏愛乘坐郵輪周遊世界。她去過許多國家，但可惜還沒去過中國。大使介紹說，中國是一個有著古老文明的國家，同時也是一個欣欣向榮、發展潛力巨大的社會主義國家，歡迎夫人有機會去中國觀光旅遊。馮・施泰格爾夫人說非常希望多了解一些中國的歷史和文化，表示以後若有機會一定去中國觀光。告別時，李雲川大使夫婦和馮・施泰格爾夫人均表示，今後相互之間要繼續保持友好，進一步加強聯繫。

在以後的歲月裡，馮・施泰格爾夫人和使館一直保持著友好、密切的關係。每年她生日時，使館會送她一隻她最喜歡吃的香噴噴的烤鴨以示祝賀。逢年過節，大使夫婦還會邀請她到使館做客。有時，她也邀請使館的朋友到她家小坐。

　　馮·施泰格爾夫人做事有條有理，計劃性很強。無論大事小情，只要是計劃好了的、事先約好的，就一定準確地、一絲不苟地按計划去辦理。

　　馮·施泰格爾夫人崇尚精緻、健康、自然的生活。她極愛清潔，家裡永遠保持窗明几淨，一塵不染。所有的東西都整齊地歸類放置。她在著裝上十分講究。在家休息、做家務、在園子裡勞動、外出旅遊、參加宴會，不同的場合她會穿出不同的服裝。她所有的服裝都異常平整、乾淨，任何服裝穿到她身上都顯得十分高雅，這大概是她特有的氣質決定的吧。她手不釋卷，酷愛讀書，每天都會安排時間閱讀自己喜愛的書籍和雜誌。除此之外，她還會利用空閒時間與朋友們聚一聚，聊一聊或在後花園種花、鋤草，生活安排得豐富多彩。

　　馮·施泰格爾夫人為人低調，待人隨和。她目光真誠謙和，說話語氣平和，語速舒緩。與其交談

令人感到輕鬆愉快。隨著交往的增多，我們之間的話題越來越廣泛。馮‧施泰格爾夫人閱歷深、見識廣，旅遊中的趣聞、子女教育、風土人情，包括時政都可能是談話的主題。

馮‧施泰格爾夫人是個思想上比較傳統的人。她說瑞士人比較保守和傳統，對戀愛和婚姻的態度非常嚴肅。因為對於傳統的基督教思想來說，戀愛就是為了結婚、生子，逢場作戲式的戀愛態度和結婚後說離就離的現像是根本無法被接受和容忍的。馮‧施泰格爾夫人有一個女兒和兩個外孫。兩個外孫在寄宿制學校讀書。她說在六〇年代女兒成年之前，她從未允許其在外面過夜，嚴格要求她一定要按時回家。

馮‧施泰格爾夫人最可愛之處，是她心地坦蕩、率真，毫不做作。秋天，瓜果成熟的季節，像往年一樣，使館草坪上熟透了的梨和蘋果開始往地上掉。這些果樹的品種不是很好。砍倒再種其他果樹吧，瑞士又有不能隨意砍伐樹木的規定。所以，一直以來，我們任由這些樹年復一年地從春到秋，從抽葉、開花到結果。果實熟透後，從樹上掉到草坪上，最後化作腐殖質，成為滋養土壤的上好有機肥。作為使館的老鄰居，馮‧施泰格爾夫人當然熟知這一情況。我想她可能早就為如此多的水果就這樣爛在地裡感到可惜了。就在這年秋季的一天，我在小路上散步，夫人走到圍牆邊招呼我。她微笑著問能否把掉在地上的水果給她一些，她拿去做果

醬。我痛快地答應了，把撿起的蘋果裝了一大袋給她。她非常高興地說，做果醬是她的絕活，做好了會拿一些讓我們嘗嘗。過了一段時間，有一天，我正在使館傳達室值班，馮‧施泰格爾夫人來了。她手裡拎著一個包，包裡裝著幾瓶果醬。她再次感謝我送她蘋果，並請我向大使轉送她精心製作的果醬。大使讓把果醬交給廚師，早餐時端出來讓大家品嚐，果然好吃。

馮‧施泰格爾夫人還是一個忠誠、大度、仗義，對友誼執著的重情重義之人。我於一九七九年離開使館。後來聽說，八〇年代初使館擴建，準備在草坪南端的球場上建一座二層樓房。根據當地規定，使館在準備蓋樓的地方樹起一個標竿以徵求周圍鄰居的意見。據說鄰居中如有一家不同意，房子就蓋不成。馮‧施泰格爾夫人作為我們的近鄰，在這個問題上也面臨抉擇。她在經過一段時間的考慮後說：「多年來我已適應和習慣了周邊的環境，冷不丁附近多出一棟樓房，我從心理上是不能接受的。但請你們放心，我不會在反對書上簽字，因為我們是朋友。作為朋友不應該那樣做。」

聽說這件事，我內心非常震撼。為了友誼，馮‧施泰格爾夫人竟作出了違心的選擇。這在極其注重個性的西方社會裡是很難想像的。

馮‧施泰格爾夫人是我接觸的第一位西方貴族後裔。雖然歷史的變遷使她不再擁有貴族身分，但從她身上，從她接人待物的態度及言談舉止上，我

仍真切地感受到一種高貴氣質的自然流露。那是一種源自數代積澱和長期個人修養而形成的內在的東西。如今，我離開駐瑞士使館已經三十六年，對當時的很多人和事印象都已淡化，然而對我們的鄰居馮・施泰格爾夫人，尤其對她身上隨時隨處都能感受到的那種特有魅力，始終難以忘懷。

憶幾位瑞士朋友

王　維

（瑞中協會副主席，瑞士 Grueber 股份公司合作人）

「老瓦」——瑞中協會主席
托馬斯・瓦格納博士

　　托馬斯・瓦格納博士是一位以濃墨重彩書寫著瑞中友好交往史的人物。他曾多年擔任瑞士蘇黎世的副市長、市長，瑞士外交政策協會主席等職，自二〇〇〇年起出任瑞中協會主席至今。

　　一九八二年，瑞士蘇黎世市與中國昆明市締結友好城市關係，時任蘇黎世市長瓦格納博士是這一友城關係的創建人之一。從那時起，他便與中國結下了不解之緣。擔任蘇黎世政府領導期間，他不遺餘力地推進蘇黎世與昆明在文化、城市供排水、城市發展、公共交通、環境保護、經濟貿易等諸多領域的交往合作，取得了大量成果。成為瑞中協會主席之後，他更是致力於促進瑞中兩國在各個領域和各個層面上的友好交往和務實合作。在他的大力推動下，蘇黎世州與重慶市結為友好州市，瑞士的許多官方機構和私人企業也紛紛與中國建立並深入交流合作關係，友誼之花絢麗綻放。

在瓦格納博士擔任瑞中協會主席之後不久，我也有幸當選協會的副主席，在一起工作的機會多了起來。他總想多為兩國的交往合做作些事情，因此工作極為勤奮、投入。有一次，我接連收到他的兩三封郵件，一看發送時間，竟然都是凌晨四點多鐘，而他當時本人在瑞士，並沒有時差因素。我大吃一驚，連忙在回覆中表示感謝。但後來，多次收到他凌晨四五點或者夜間十一二點發出的郵件，我也就不再大驚小怪了，但心中的感慨未曾稍減。

每次接待來自中國的代表團，他總是親自統籌安排相關的日程。事無鉅細，他都要安排妥帖，連就餐的菜單都親自敲定，並囑咐餐廳方面，中國客人不喜歡吃帶血的肉，做菜時少放奶油，等等，盡量照顧中國客人的口味。代表團到達瑞士後，他會儘可能像「全陪」一樣陪同訪問。其實每項日程都已經安排妥當了，並且有瑞中協會其他副主席陪同，他真的不必全程陪同。但他這樣做確實是發自內心的，其他人再勸阻、謝絕都沒有用。有一次，一個中國代表團訪問蘇黎世、伯爾尼和日內瓦等地。在蘇黎世和伯爾尼，瓦格納主席都幾乎全程陪同。在伯爾尼的日程結束後，代表團當天下午前往西南方的日內瓦，而瓦格納主席則必須向東返回蘇黎世，因為第二天早上他要在蘇黎世主持一個非常重要的會議。但他堅持在開完會後以最快的方式趕到日內瓦，與代表團會合。大家都勸他不要這樣辛苦奔波，反正在日內瓦的活動只有一天，之後代表

團也要返回蘇黎世。面對大家的好意，他客氣而堅決地謝絕了。第二天，在蘇黎世的會議結束後，為了節約時間，他居然自費搭乘瑞航的飛機從蘇黎世飛到日內瓦，中午時分從機場乘坐出租車趕到代表團的活動地點。當天傍晚，他又與大家一起乘車返回了蘇黎世。代表團的客人們十分過意不去，連連向他致謝，他笑答：「這樣很好呀，不然我在日內瓦住一晚，還要帶上過夜的行李呢！」

二〇〇四年，瑞中協會邀請中國駐瑞士大使館和駐蘇黎世總領事館的部分外交官們訪問格勞賓登州的水電站等地。瓦格納主席親自安排並陪同，一路上大家歡聲笑語不斷，興致都非常高。在路上，瓦格納主席即興邀請大家順路到他的度假別墅小憩。我們好奇地進入別墅參觀。在門廳裡十分醒目的位置，懸掛著兩塊中國風格的木雕作品，如同中國傳統建築上的木質窗雕。看到我們興趣濃厚，瓦格納主席自豪地介紹說，這是他特意從雲南省劍川縣買回的，因為劍川木雕馳名天下，連人民大會堂裡都有劍川的木雕作品呢！

近年來，他也十分關注中國的環保事業發展，特別是水環境的治理。在他的領導下，瑞士水務公司與昆明市開展了「湖清水秀」項目，為治理滇池的水質而努力。無論在中國還是在瑞士，只要看到河流或者湖泊，他就都會情不自禁地談起治理、保護水資源的重要性。見到中國客人讚嘆風景秀美、水質清澈的蘇黎世湖，他總是說：瑞士的河流湖泊

二〇〇四年，瑞中協會邀請朱邦造大使（左6）等參觀瑞士水電站。左7為瓦格納，左1為王維。

在上世紀六七十年代也曾經遭受極其嚴重的污染，水質惡劣，但是，經過多年努力，特別是投資建設了污水收集管網和污水處理廠之後，瑞士的水體重新變得這樣清潔了，所以中國只要朝這個方向努力，總有恢復水質的那一天的！

訪問中國一百餘次、足跡遍及大江南北的瓦格納主席，在中國也結識了許多老朋友。與他比較熟的中國人都稱他「老瓦」。對此，他也非常自豪，常常自我介紹說，他的中國名字叫「老瓦」！除了這個親切的稱號以外，中國人民對外友好協會還授予他「人民友好使者」的光榮稱號，以表彰他為兩

國民間友好交往所作的積極貢獻。同時，他也是中國昆明市和大連市的榮譽市民。

蘇黎世市長柯琳・茅赫

茅赫（Corine Mauch）女士二〇一〇年當選蘇黎世市長後，十分重視繼續發展蘇黎世與昆明的友好城市合作關係。

同一年，我陪同她率領的蘇黎世代表團正式訪問昆明，一路上聊起來，茅赫市長透露了一個「祕密」，原來她曾經在蘇黎世大學的漢學系學過幾個學期的中文呢。雖然此後多年沒有使用，當年學的很多知識都已塵封在課本裡，但是，她的中文發音顯然受過嚴格的專業訓練，念起漢語拼音來十分準確，毫無「洋腔洋調」。在昆明訪問期間，她在交談中有時也會使用一兩個中文詞語，令對方喜出望外。

二〇一三年春節前夕，昆明市政府提出，希望茅赫市長在蘇黎世錄製一段新年致辭，德語英語皆可，以便春節期間在昆明的電視上向市民們播放來自友好城市市長的問候。茅赫市長立刻答應下來，並決定自己用中文發表新年致辭。到了錄製的那一天，我們都滿懷好奇，靜悄悄地站在錄製室裡，只聽到她在鏡頭前不疾不徐地用流暢的中文向昆明市民們送上新春祝福。錄製結束後，我們都紛紛向她表示祝賀。她則坦率地承認，自己在錄製之前每天晚上都要在家裡大聲朗讀致辭的文稿，反覆練習。

蘇黎世市長茅赫女士二〇一〇年在上海參觀世博會。

她的小貓咪聽慣了瑞士德語的語調，乍一聽到抑揚頓挫的中文，還大惑不解地向主人「喵喵」叫呢。

昆明的朋友們後來說，這段錄像在昆明的電視上播出之後，很多市民都驚喜異常，說沒有想到友好城市蘇黎世的市長還會講中文。

茅赫市長在蘇黎世經常騎自行車上下班。一次，蘇黎世市政府在其「國賓館」Muraltengut 設晚宴歡迎來訪的中國代表團，並請了相關人員作陪，由茅赫市長做東。我怕遲到，那天提前到了「國賓館」，和同樣提前到達的其他客人在院子裡聊天。過了一會兒，只見茅赫市長騎著自行車到來，然後熟練地將車子停放在牆角，準備主持宴會。許多人感到十分驚訝，茅赫市長笑著說，這輛自行車是她自己買的，她非常喜歡騎自行車，蘇黎世也是座很適合騎車出行的宜居城市。

二〇一四年秋，茅赫市長再次訪問昆明。當時昆明在其「母親河」——盤龍江畔剛剛修建了一條專門的自行車道，供廣大市民使用。昆明市政府在訪問日程中安排茅赫市長一行前去參觀這條車道並騎車試行。看到日程中的這項安排後，茅赫市長非常高興，充滿期待。那天，恰逢風和日麗，秋高氣爽。我們到達盤龍江邊，昆明市規劃院王學海院長介紹了盤龍江水質治理和沿岸景觀整治項目後，大家登上準備好的自行車，在舒適的自行車道上一邊騎行，一邊感受盤龍江畔綠樹成蔭、鳥語花香的美好氛圍，與昆明市民們一起體驗這個就近休閒的絕佳去處。到達終點後，茅赫市長還意猶未盡，感嘆時間太短，並再次表示她非常支持騎自行車這種既健康又低碳的出行方式。

瑞士 LEP 規劃諮詢股份公司董事、首席執行官迭哥·薩爾美隆

迭哥·薩爾美隆（Diego Salmeron）畢業於譽滿天下的蘇黎世聯邦理工大學（ETH Zürich），曾長期在大學的空間與景觀規劃（IRL）研究所工作，負責研究所在中國開展的合作項目。後來，研究所的所長威利·施密特（Willy A. Schmid）教授和部分人員從大學分離出來，成立了大學的衍生公司——瑞士 LEP 規劃諮詢股份公司（LEP Consultants AG），施密特教授成為董事長，迭哥·

薩爾美隆則擔任公司的董事和首席執行官。公司開展各個層面上的規劃諮詢工作，比如獨立或與中國的合作夥伴共同完成了中國雲南省昆明市域城鎮體系規劃、昆明市官渡區二〇二五年空間發展戰略、雲南省滇中城鎮群空間發展戰略、雲南省劍川縣沙溪復興工程、昆明滇池國際城市濕地公園等項目；此外，公司還從事專業培訓、技術交流等各種業務活動。

從上世紀九〇年代就參與中國項目的迭哥·薩爾美隆，不僅精通業務，還能用中文進行日常對話，且性格十分開朗隨和，是那種第一次見面就讓人感到「自來熟」的朋友。無論中國人還是瑞士人，幾乎人人都只叫他的名「迭哥」而不稱姓氏。

二〇一〇年上海世博會上，除了「瑞士館」（Schweizer Pavillon）代表瑞士國家參展之外，瑞士的蘇黎世、巴塞爾和日內瓦三座城市還聯合建設了一座「瑞士城市館」（Städtepavillon Zürich-Basel-Genf）。六月初，蘇黎世在這座城市館中舉辦為期一週的「蘇黎世周」，推廣城市可持續發展的理念。瑞士方面由蘇黎世市長茅赫女士率團主持相關活動，另外還有來自各方面的瑞士人，比如媒體、企業等各界人士參加，人數頗眾，迭哥和我也在其中。迭哥在「蘇黎世周」的報告會上向各界人士介紹了在中國開展的一些面向可持續發展的規劃設計項目，引起了觀眾的廣泛興趣。

這期間的一天傍晚，瑞士駐上海總領館在總領

事官邸舉行盛大招待會，邀請瑞士和中國的客人參加。近百名中瑞來賓們熱烈交談，熙熙攘攘，非常熱鬧。隨著夜色漸濃，中外來賓陸續告辭，瑞士客人們也前後回到大巴上。由於參加的瑞士人實在太多，且有些人已經自行離開了，所以誰也搞不清到底還有多少人，大家只能憑記憶在大巴上大聲呼喊：「XY 上車了嗎？」「上來了！」最後，沒再有人從總領事官邸出來，估計差不多了，大巴載著我們返回酒店。行程過半，已經快到酒店的時候，車上一人忽然高聲問：「迭哥在車上嗎？」眾人四顧相望，才驚覺把他忘掉了。車到酒店，我們在大堂休息等候，忽見迭哥從外面匆匆奔入。原來，瑞士國家廣播電台的一名記者在剛才的招待會上見縫插針，對迭哥進行錄音採訪，請他介紹與中國合作的經歷和感想。因為需要安靜的錄音環境，所以找了一間空房間關起門來錄製。等採訪結束，開門一

看，已經曲終人散，服務員正在收拾殘局。總領事已準備休息，看到家中突然冒出兩名還未走的客人，驚訝不已。兩人連忙與主人倉促告別，打車趕回酒店。

一兩天后，迭哥的父母在瑞士家中休息，習慣性地打開收音機，無意中聽到播音員宣布：「現在播出我們在上海對迭哥‧薩爾美隆先生的專訪！」毫不知情的兩位老人興奮不已，守在收音機前仔細聽著愛子的每一句話，自豪之情自不待言。

大約二〇一一年左右的一天下午，我正在蘇黎世的辦公室中工作，突然接到一個中國人打來的電話。他是迭哥幾年前在中國開展一個合作項目時的中方合作夥伴，我也認識。原來，這位朋友有事來瑞士出差，不料昨天傍晚在日內瓦鬧市區被一夥歹徒搶劫，相機、護照、錢包等均被洗劫一空，人也被打傷。今天上午，他去了中國駐瑞士大使館，多虧使館領事部的工作人員辦事迅速，很快給他簽發了身分證件。下午，他孤身一人從伯爾尼坐火車來到蘇黎世，舉目無親。他只會簡單的英語，不懂德語，導遊之前給他訂的酒店又在蘇黎世市郊比較偏僻的地方，身上只剩一點零錢。雖然改了機票，明天就可以從蘇黎世飛回北京，但是，驟然遇此變故，又遠在異國他鄉，心境可想而知。幸好他有我的電話號碼，於是打電話問我，能否與迭哥見一面。我立刻與迭哥聯繫。迭哥本來在晚上有個重要的事情，但聽我說了這件事後，連忙推掉了晚上的

事，和我一起趕到這位朋友住的酒店。迭哥見到他，先是問候了幾句，接著就邀請他和我們一起在附近吃晚飯。我們邊吃邊談，聽這位朋友講事情經過。這位朋友感慨萬分，連說這頓飯是他出事以來吃的第一頓正式的飯菜，這之前既無機會，亦無心情。迭哥不僅一直安慰他，還問他酒店費用以及第二天去機場的事情安排好沒有，當聽說都沒有問題以後，才稍稍放了心。然後，迭哥又從錢包裡拿出一些現金給這位朋友，以備應急之用。後者多次推讓，但迭哥堅持讓他拿上，他只好收下，心中十分感激。聊到大概晚上十點多鐘，迭哥和我陪這位朋友回到酒店，等他鎖好房間門才離開。幾個月後，迭哥再次去中國的時候，這位朋友不僅把錢還給了他，為表心意，還親自開車把迭哥從酒店送到開會地點，陪迭哥一路直到會議室裡，幾乎把他按到椅

鮑慕加特納教授（前排中）等二〇一三年訪問昆明。

子裡坐下才放心道別。

蘇黎世方面負責蘇黎世與昆明友好城市技術合作的聯合項目領導人魯道夫・鮑慕加特納教授

　　魯道夫・鮑慕加特納（Rudolf Baumgartner）教授是享譽全球的瑞士蘇黎世聯邦理工大學的教授，多年來一直致力於與發展中國家開展發展合作。從二〇一一年起，他與克里斯蒂娜・萬德勒（Christina Wandeler）女士一起，共同擔任蘇黎世與昆明友城技術合作項目的蘇方聯合領導人（Co-Projektleiter）。

　　其實早在上世紀七〇年代，他就曾作為年輕的「領隊」，帶領瑞士遊客訪問過中國。當時中國尚處於「文革」時期，旅遊團除了參觀景點之外，也訪問了工廠、學校、人民公社等，這也是那個年代的應有之義。所到之處，他拍攝了大量照片和幻燈片，如今已成為珍貴的歷史資料，記錄著那個特殊的歷史時期。八〇年代初，他應中國人民對外友好協會的邀請，再次訪問中國。改革開放初期的中國，已經顯露出許多新氣象。等到他二〇一〇年再次踏上中國的土地時，翻天覆地的變化更是令他感慨萬千。

　　二〇一四年的一天，鮑慕加特納教授突然問我，知不知道中國有個「Fenghuo」村？他只知拼音名而不知中文寫法。我瞠目不知所以，大腦則飛

快地啟動「聯想模式」：豐獲？封火？逢伙？片刻
之後只得老實告訴他，以中國之大，村莊數量多如
繁星，這個發音我實在猜不出來，請他想想有沒有
更多的線索。他說，這個村子在「Shanxi」省。我
再次瞠然：陝西？山西？好在他馬上接著說，村子
應該離西安不太遠，村名的意思是「報警用的煙
火」。我恍然大悟，村名的中文應該是「烽火」。
這就好辦了。我上網查詢了一番，才知道這座村子
在「文革」時期大名鼎鼎，曾接待過時任美國總統
卡特等多國政要。當時，外賓到了陝西，都要安排
去這座村子訪問。鮑慕加特納教授告訴我，他當年
也去過烽火村並拍攝過不少照片。現在，時隔多
年，他很想故地重遊。於是，我把村子的中文名稱
和一些相關信息收集給他，便於他安排行程。二〇
一四年秋，他終於如願以償，從西安專程驅車前往
烽火村。據他後來告訴我，他事先並未與村裡任何
人聯繫。到了村裡，他憑藉手中的老照片在街上詢
問當地人，居然找到了當年照片上的故人，還參觀
了村史博物館，看到了卡特等政要參觀烽火村的留
影，重新回顧了那一段屬於往昔的歷史。

　　當然，鮑慕加特納教授絕不是一個沉湎於舊日
的人。在他和萬德勒女士的領導下，蘇黎世與昆明
在城市規劃、公共交通、城市排水和污水處理、歷
史保護等各個領域，正在開展面向未來的、務實的
技術交流合作，其目標就是推動中國城市的可持續
發展。為了讓我們的未來更加美好，他默默奉獻著

鮑慕加特納（右）與
瑞士專家在昆明訪問
原「飛虎隊」辦公樓。

自己的力量。

馬丁‧格呂貝爾走訪醫院工地

　　一九九五年，我和先生馬丁‧格呂貝爾
（Martin Grueber）一起到了北京，一方面看望我的
父母，另一方面也在北京各處遊玩。馬丁畢業於瑞
士蘇黎世聯邦理工大學和英國倫敦大學學院
（UCL），是個典型的「理科男」，對北京的很多事
物都非常好奇。

　　當時，從我父母家的客廳中向外望去，正好能
看到位於方莊的東方醫院建築工地。對我來說，工
地永遠是個嘈雜繁忙還比較危險的地方，有什麼好
看的？他卻俯瞰著工地看了許久，最後說：「好奇
怪！在瑞士的工地上，總會有很多大大的工業廢物
箱，裝著各種各樣的垃圾，比如包裝用的塑料膜什

麼的。這個工地上沒有廢物箱，也看不到建築垃
圾，乾乾淨淨的，真想知道他們是怎麼做到的。我
能不能去問一問啊？」

　　說到做到。吃過午飯，我倆到了施工現場。因
為是外人，我們不敢直闖進去，就在工地大門外等
候。不多會兒，正好一名戴頭盔的建築工人從外面
回來，我們急忙迎上去，大概說明來意，說想見見
工地的負責人。那名工人普通話不是很好，但聽懂
我們的意思後，非常痛快地直接把我們帶到工地

裡。走到一溜平房前，那名工人說，這就是領導的辦公室了。我倆先敲了敲門，裡面有人大聲喊：「進來！」進去一看，裡面幾人剛吃完飯，正圍坐在矮桌前聊天呢。我們三言兩語解釋了一下，其中一人高興地表示歡迎。他自稱姓馬，是這個施工項目的總經理。馬丁向他道謝，然後就開始請教各種問題，我充當翻譯。馬總經理有問必答。比如，辦公用的平房是磚房，砌磚用的泥不是太牢固，工程結束後可以把磚塊拆下，重複使用；工地的圍牆也同樣辦理；碎磚什麼的可以就地當作填料使用；廢棄的玻璃、金屬什麼的，有人專門來收購回收；所有建築材料都分門別類地保管堆放；等等。一問一答，過了大概一個小時左右，我們才向馬總道別離開。回去的路上，我也仔細觀察了一下，工地上確實井井有條，看不到一點垃圾或者髒亂差的地方，可見馬總管理有方。

回到瑞士後，馬丁作為瑞士的權威性行業協會──瑞士工程師和建築師協會（SIA）的理事，把這次「採訪」的內容整理成文，刊登在協會的會刊上，文中提出瑞士也應當借鑑中國在施工現場的這種節約資源、盡量減少垃圾的做法。文章發表之後，收到不少讀者回信，紛紛表示贊同。

不久，我的父親專門去了一趟建築工地，找到馬總經理，向他展示了會刊上發表的這篇文章，並將其大意翻譯給馬總經理聽。後者極為高興，連連道謝。

讓我們記住他們

汪 浩

（昆明市對外友好協會副會長）

　　位於昆明市盤龍區尚義街二一三號的昆明市規
劃設計研究院由幾棟其貌不揚的辦公樓組成。進入
院子左手邊的辦公樓，順著樓梯上四樓，人們會在
迎面的牆上看見他們的照片——五十八位蘇黎世技
術官員和專家。二〇一二年是中國昆明市與瑞士蘇
黎世市結為友好城市三十週年。在一系列的紀念活
動中，昆明的城市規劃師們在自己的辦公樓裡貼出
了與那些曾經和正在共同工作的蘇黎世專家的照
片。

　　每次我經過這面牆，都會停下腳步。他們當中
有的人我十分熟悉，有的人只是在工作中打過交
道。我看見他們在照片裡微笑、沉思，眼神裡透出
睿智、理性、真誠。我知道他們所有人來昆明之前
都沒有想到自己會和這座中國城市產生如此深刻的
交集：親眼目睹昆明從一個安靜的中國西南邊陲省
會城市變為一個現代化繁忙的大型都市和區域中心
城市，直接參與這個城市在供排水、公共交通、城
市規劃、滇池治理、舊城保護、低碳城市領域的眾
多項目，能夠在昆明的發展道路上清晰地看見自己

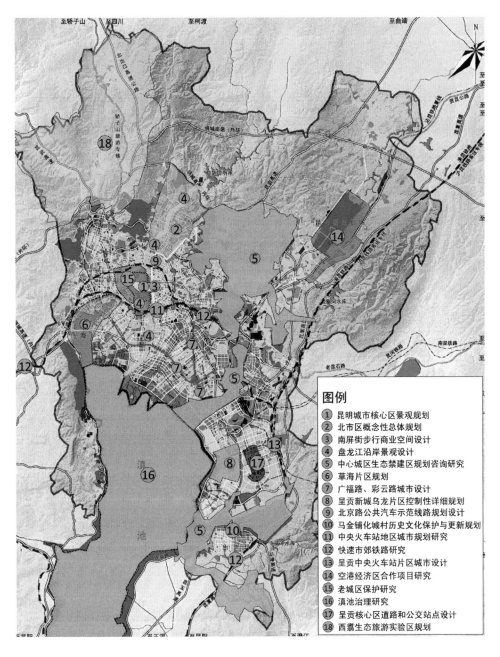

图例

① 昆明城市核心区景观规划
② 北市区概念性总体规划
③ 南屏街步行商业空间设计
④ 盘龙江沿岸景观设计
⑤ 中心城区生态禁建区规划咨询研究
⑥ 草海片区规划
⑦ 广福路、彩云路城市设计
⑧ 呈贡新城乌龙片区控制性详细规划
⑨ 北京路公共汽车示范线路规划设计
⑩ 马金铺化城村历史文化保护与更新规划
⑪ 中央火车站地区城市规划研究
⑫ 快速市郊铁路研究
⑬ 呈贡中央火车站片区城市设计
⑭ 空港经济区合作项目研究
⑮ 老城区保护研究
⑯ 滇池治理研究
⑰ 呈贡核心区道路和公交站点设计
⑱ 西崩生态旅游实验区规划

一九八七至二〇〇一年主要合作項目在昆明中心城區分布圖

的工作產生的結果，甚至在決定昆明未來發展的重要領域和重大項目上產生影響。我想，可能也正是專業知識產生力量這個內在原因，在過去三十多年

裡驅動著一批又一批蘇黎世市技術專家在昆明──蘇黎世友城框架下來到昆明。在這座城市裡，有許多時候就在這棟樓裡，他們竭力發揮專業特長，努力克服語言文化、生活習慣、發展層次上的差異和不同，盡職盡責、靈活高效地開展工作，成為兩市友好的基礎中堅力量，創造出兩市友好的重要成果。

在忙碌的工作中，我很高興用文字記錄和描述他們中的一些人和一些事，因為它們都來自於我的親身經歷和記憶。

烏爾裡希·齊默爾曼

烏爾裡希·齊默爾曼（Ulrich Zimmermann）是蘇黎世市供水局的副局長，也是我一九九三年來到昆明後見到的第一批蘇黎世專家之一。齊默爾曼畢業於瑞士蘇黎世聯邦理工大學，是一名湖泊學家。齊默爾曼顯然比我更了解這座城市。因為一九八七年蘇黎世市供排水代表團訪問昆明後，提供了一批二手實驗設備，幫助昆明建立了水質化驗室，並從一九八八年開始與昆明合作制定《昆明城市供排水總體規劃》。這些合作項目他都參與了。

那時他大概五十多歲，個子不高，人很精明，也很隨和，在公共場合講話不多，愛聽昆明人叫他「老齊」。我對他印象最深的有兩件事：一九九六年七月我陪同齊默爾曼一行前往祿勸縣雲龍鄉實地

烏爾裡希·齊默爾曼

考察，當時正值雨季，天下大雨，一行人走在窄窄的田埂上，一邊是河水猛漲的小河，一邊是向外淌水的稻田。雨傘成了累贅，所有人都濕透了，一位陪同介紹的中方專家險些掉進河裡。結束了實地查勘，我們找到一戶農家烤火。當我默默想著在今後的安排上如何避免剛才的驚險時，齊默爾曼正和其他人烤著濕外衣，在氤氳的水汽中愉快地進行交談。齊默爾曼此次是率瑞士專家組來昆考察外流域「引水濟昆」工程，撰寫項目報告。後來，那個地方成為雲龍水庫——現在是昆明城市最重要的水源地。一九九八年五月，時任昆明市委書記楊健強會見齊默爾曼，我擔任翻譯。滇池污染逼迫昆明尋找新的城市水源，經過前期技術工作，需要決策修建當時國內投資最大的城市供水工程——掌鳩河引水工程，包括云龍水庫、引水管道、昆明第七自來水廠。齊默爾曼向昆明的決策者詳細介紹了瑞士在水資源保護、開發、管理方面的經驗做法。領導聽得認真，專家講得仔細，互動頻繁，兩個多小時一晃就過去了。我記得最清楚的一句話，就是齊默爾曼說，要治理滇池，應該讓每一滴進入滇池的水都乾淨。

二〇〇三年，昆明開始大規模治理滇池；二〇〇七年，投資四十億的掌鳩河引水供水工程完成建設投入使用。以齊默爾曼為代表的蘇黎世供水專家在二〇〇〇年後逐漸淡出兩市合作。他退休後，我曾去過他在蘇黎世附近楚米孔的家。依山而建的

大宅子裡住著他和妻子，還有一條溫順的狗。

歐內斯特・約斯

約斯（Ernst Joos）是蘇黎世市交通局的副局長。我已記不清他是哪一年首訪昆明，兩市交流的大事記中記錄他在一九九四年十一月率領一個專家組來訪，但我認為，作為代表團成員他第一次訪問昆明的時間要更早。

歐內斯特・約斯

維爾納・斯杜奇

一九九三年至一九九九年，在時任蘇黎世市第一副市長瓦格納的推動下，蘇黎世市共向昆明派出近四十批交通規劃專家，協助昆明制定城市公共交通總體規劃。約斯是蘇黎世與昆明在城市公共交通領域開展合作的項目負責人。一九九六年，他接替蘇黎世市規劃局副局長克拉・西馬德里擔任此職，負責內部協調和對外聯繫。約斯是瑞士北部靠近德國的沙夫豪森州人，工作中不苟言笑，嚴肅認真，與人接觸真誠坦蕩，言出必行。他是公交優先理念的傑出宣傳者和城市發展打破大餅狀、走向手指狀發展的理念倡導者。他經常展示的兩幅圖，一是一輛公交車坐滿人和數十輛小汽車坐滿人占用道路比較，二是小汽車充滿街道後再修路，更多小汽車又堵塞新路的魔鬼循環。

一九九五年十月，昆明市派出代表團訪問瑞士、德國、法國、奧地利，考察輕軌交通。約斯陪同代表團前往蘇黎世市交通警察局聽取對方介紹如

何在城市內限制小汽車交通，我看見幾乎所有的中方領導和技術專家都睜大了眼睛，無法理解。當時昆明市的機動車總量不到十五萬輛，自行車超過二百萬輛。對二十年前的我們來說，今天在昆明的大街小巷行駛的小汽車和它們給城市管理者帶來的挑戰是無法想像的，但對蘇黎世專家來說，他們知道那就是二十年後昆明的現實，而且希望我們從那時起就有所準備。

一九九九年，昆明市按照蘇黎世模式建設開通了國內首條公共汽車專用道；二〇〇七年，又在全市範圍實施六十歲老人免費乘坐公交車，極大地推進了昆明城市公共交通的發展。二〇一四年四月三十日，昆明地鐵一號線開通。在車廂內循環播放的昆明地鐵建設的紀錄片中，有蘇黎世市內輕軌和市郊列車的鏡頭，它們就是昆明地鐵的種子。一個念頭在我腦海裡油然而生：尊敬的約斯先生，什麼時候我能再陪同您考察昆明市的公共交通，能陪同您乘坐昆明新建的駛向春天的地鐵？

維爾納・斯杜奇

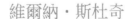

我和斯杜奇（Werner Stutz）見面次數很多。每次在會見宴請時看見了，都親熱地打招呼，可惜沒有機會好好地聊一聊，深入交流一下。斯杜奇是蘇黎世市文物保護局的副局長，一九九八年首次訪昆，到二〇一四年他最後一次來昆工作訪問時，這

個數字已經上升到三十五次了。

上世紀九〇年代中期，昆明的市中心還存留著成片由土木結構大瓦房組成的傳統街區。在當時的城市管理者和市民眼中，它們是城市落後和不發展的標誌，不僅各級政府有改造新建的衝動，居民也有儘早搬離老房子的意願。於是，昆明和全國大部分城市一樣，開始了轟轟烈烈的舊城改造。在中國，文物保護只針對名勝古蹟、歷史事件發生地和重要歷史人物居住地，人們還沒有認識到普通的歷史街區、歷史建築、歷史空間對城市的重要價值，結果陷入城市文化空間受到破壞、歷史文脈遭到割裂、城市記憶部分消失的尷尬境地。

斯杜奇很勤奮、很有成效地開展工作。他在昆明老城中走街串巷，記錄和描繪老建築的樣式，和當地居民交談了解建築的歷史，數年內向昆明市政府提交了三份保護名錄，每份名錄中包含有應保護的五百座建築。不僅如此，他還帶領由兩市專家組成的「老城保護項目組」走出城市，對昆明行政轄區內的歷史村鎮、鄉土建築遺產進行全面廣泛的調查，對昆明的二十四個歷史村鎮、歷史街區進行實地走訪和調查，完成了亟待重點保護的歷史村鎮、歷史街區名錄，形成了大量工作報告。

斯杜奇的工作直接促成昆明成立「昆明歷史街區與建築保護辦公室」，將「文明街區」列入昆明歷史文化中必須絕對保護的「歷史文化街區」，出台《昆明歷史文化名城保護規劃》，梳理出全市域

範圍內二十五個歷史村（鎮）。昆明主城的文明街歷史街區規劃保護榮獲「中國人居環境範例獎」。其中的金蘭茶苑維修保護工程還獲得了聯合國亞太地區歷史遺產保護獎（2001年）。

我猜想，離開昆明時，斯杜奇的心情可能十分複雜：一方面，通過他的工作，這個城市至少是部分保留了歷史街區、歷史建築、歷史空間，他會感到欣慰；另一方面，作為專家，看著大量應該保留的城市文化記憶和歷史脈絡的物質載體湮沒在現代化的浪潮中，永遠失去，無法複製，無法追溯，他會十分失落。

特拉伯一家

馬庫斯・特拉伯（Markus Traber）是蘇黎世市專家中的年輕人，一九九四年第一次訪問昆明時還不到三十歲。他高高的個子，臉上帶著明朗的笑容，講話的聲音中透出熱情與淳樸。他是瑞士瓦特電氣公司的工程師，受蘇黎世市政府委託參與兩市在公共交通領域的合作。

一九九六年至一九九八年，馬庫斯・特拉伯攜妻子莉蓮・特拉伯（Lilian Traber）兩次來昆常駐，擔任雙方交通規劃合作辦公室的瑞方主任工程師，重新規劃昆明市公交網絡，設計了第一條現代公共汽車線路——公交專用道，完成了現代有軌電車一號線的技術研究。上世紀九〇年代末的昆明給外國

馬庫斯・特拉伯

人提供的生活條件不比現在，沒有互聯網、汽車、西餐館、咖啡館、麥德龍。雖然整體工作生活條件已經與八〇年代大有進步，但還是給特拉伯和妻子在昆明的生活和工作帶來了不小的煩惱。當莉蓮・特拉伯正為購物、衛生傷腦筋的時候，她的丈夫也在為工作任務不充足、昆明合作方準備不充分而鬱悶。令人欣喜的是，這時他們的第一個孩子——女兒卡琳娜・特拉伯已在昆明孕育。他們回蘇黎世生產返回昆明後，特拉伯一家三口就成了昆明市外事活動中的有趣之處：一個尚在襁褓中的洋娃娃，瞪著藍色的大眼睛，好奇地看著成年人們講話乾杯。小傢伙一哭，她媽媽就只能帶她迅速離開。

　　一九九八年底，我參加了為特拉伯一家舉行的歡送儀式。這一別就是十五年，再次見到特拉伯和他女兒已經是二〇一四年的事。特拉伯現在是蘇黎世州交通局副局長，女兒卡琳娜是一名職業學校繪圖專業的學生。久別重逢，在昆明一家古老建築改建的餐館裡，我們十分愉快地回憶雙方的青春歲月，感慨時光流逝，也為老朋友相見深懷感激。數週後，我的郵箱裡收到了卡琳娜的郵件。這是她的畢業論文，題目是蘇黎世——昆明友城關係。令人欣喜的是，卡琳娜希望未來有機會像父母一樣來昆明生活和工作。更令我感慨的是，她在自己的論文後附上了向近十位長期為兩市友城關係工作的人士提出的書面採訪實錄。所有的人，包括蘇黎世市老市長瓦格納和我自己都認真地回答了問題。作為一

個瑞士普通職業學校的畢業生，她策劃收集第一手材料所表現出來的基本思路讓我不由自主去對比中國和瑞士的教育理念。

迭哥・薩爾美隆

迭哥・薩爾美隆（Diego Salmeron）是瑞士聯邦理工大學衍生公司 LEP 規劃景觀設計公司的首席執行官，畢業於蘇黎世聯邦理工大學鄉村工程學專業，是瑞士註冊規劃師。他曾多年擔任蘇黎世聯邦理工大學空間與環境規劃系的研究員，主要研究方向是區域和城市的可持續發展，包括環境規劃方面的課題。從名字就可以看出，他是西班牙人後裔，性格隨和靈動，與中方交流十分順暢。

我們認識時，他還是蘇黎世聯邦理工大學權威專家威利・施密特教授的助手。在一次活動中，他對我說，自己是一條小魚。現在，讓我們來看一看喜愛昆明、喜愛中國的這條小魚從上世紀九〇年代中期到昆明開始，在近二十年的時間裡經過的項目歷程：中瑞合作「中國環境」培訓及研究項目、中國雲南省至二〇二五年的區域規劃、中國雲南省昆明市至二〇二〇年的區域規劃、中國雲南省昆明市官渡區至二〇二〇年的次區域規劃、中國雲南省大理州劍川縣沙溪復興工程第三期和第四期項目、中國雲南省昆明市晉城至二〇二〇年的本地綜合規劃、中國安徽省淮北市至二〇二〇年的礦區城鎮發

展、中國廣東省佛山市至二〇二〇年的西江新城規
劃、中國雲南省昆明市滇池國際城市濕地公園至二
〇一五年的概念規劃、中瑞管理培訓項目之海南省
行動學習計劃、中國雲南省昆明市晉城南城總體規
劃、中國雲南省昆明市滇池國際城市濕地公園的
「瑞士園」、中國雲南省昆明市草海片區城市設計
項目、中國北京市王平鎮「中瑞生態谷」項目、昆
明中瑞生態科技產業園初步概念規劃研究、中國內
蒙古鄂爾多斯市內一個房地產一級開發項目的初步
概念規劃研究、福建省南平市「武夷新區總體規
劃」、武漢「中國生態鴨谷發展規劃」、黑龍江省
撫遠縣及黑瞎子島以及越南至二〇二五年的城鎮規
劃。目前，LEP 公司正在參與江西南昌市紅谷灘新
區九龍湖片區的規劃設計。

可以看出，迭哥・薩爾美隆作為瑞士規劃師，
已從階段性的友好城市合作項目自然地進入中國廣
大的規劃市場。如魚得水，中國項目成為該公司的
主業，位於昆明的中國分公司即將設立。

米歇爾・玻利

首先，讓我們深切緬懷逝去者！二〇〇三年四
月二十三日十二時，瑞士蘇黎世市供水局專家米歇
爾・玻利（Michael Bolli）和夫人毛瑾女士在西藏羊
卓雍湖風景區旅遊時遭遇車禍，米歇爾・玻利遇
難，毛瑾女士輕傷。噩耗傳到昆明，市有關部門迅

米歇爾・玻利

速與西藏方面取得聯繫，了解情況，報告上級，主動協助處理善後事宜；傳到蘇黎世，讓我和夫人陷入極度震驚和悲傷之中。因為僅僅一個多月前，我們還在他們蘇黎世的小家中做客，相談甚歡。

米歇爾・玻利是蘇黎世市供水局的管網專家，一九九五年進入兩市供水合作項目。與其他專家不同的是，他不僅在昆明工作訪問，而且還在昆明找到了自己的愛情，與昆明彈鋼琴的女孩毛瑾結了婚，成了昆明的女婿。記得那年我正在駐蘇黎世總領館的領事部工作，玻利說希望結束昆明的工作後前往西藏旅遊。我向他介紹了外國人作為散客入境中國後去西藏的規定，他可以在國內尋找一家旅行社報名臨時組團前往西藏。我還告訴他，一九九一年，我在西藏國旅拉薩分社當過德語導遊。我向他確認西藏確實是一個旅遊勝地。沒有想到，這一談話竟成永訣。

當年五月回到昆明後，我去探望了毛瑾。她向我哭述，在他們前往昆明前，蘇黎世家裡的兩隻心愛的燭台突然爆裂一隻，她視為不祥，是玻利百般安慰。在車禍發生、車輛傾覆的瞬間，她被推出車窗外，但她已不能複述當時的情形。

二〇〇八年夏天，我和夫人在昆明圓通寺的大門處突然聽到一個熟悉的聲音，順著聲音一看，原來是我當年在國旅拉薩分社的同事李君。李君是廣外德語系畢業，高我一級。當年，國旅拉薩分社在重慶招聘我們二人，我們一同從成都雙流機場進

藏，進藏後住在一個宿舍裡。我在西藏工作的時間
不長，李君一直在西藏從事旅遊工作。老友重逢，
互留電話、互道珍重後，我突然想到一個問題：如
果我和李君一直保持聯繫，我肯定會建議玻利去找
他，那麼玻利和毛瑾的命運是否會改寫？

　　現在，我和夫人還會回憶起與他們的交往。願
逝者安息，生者堅強。

　　為配合我國周邊外交和公共外交，五洲傳播出版社與外交筆會聯手策劃出版「我們和你們」系列叢書。二〇一五年適逢中瑞建交六十五週年，將《中國和瑞士的故事》納入其中，是一件很有意義的事。

　　瑞士是最早承認並同新中國建立外交關係的西方國家之一。對此，中國政府和人民給予極高的評價。兩國建交半個多世紀以來，世界政治格局和國際關係發生了天翻地覆的變化，但中瑞關係一直保持友好交往，被稱為中西方國家不同社會制度友好關係的典範。

　　這本文集共有二十五位作者，其中包括六位瑞士朋友。中方作者中，有曾在不同時期在中國駐瑞士大使館、總領事館長期工作過的大使、參贊、總領事、秘書等外交官員；也有記者、友好城市、友好學校，以及華僑和前留學生代表。瑞方作者的參與，成為本書的一大亮點。他們是：瑞士前駐華大使，瑞中協會主席、副主席，友好學校的前校長，曾在中國工作多年的專家，新時期參與中瑞技術合作的公司代表。

　　兩國的作者們滿懷激情，認真撰稿。他們從不同時期、不同層面、不同視角，聚焦同一主題──歌頌中瑞兩國和兩國人民之間的友誼。他們根據自己的親身經歷，有對兩國國情、民情的觀察和感悟，有對朋友交往深情厚誼的美好回憶。作者們都是構建中瑞兩國半個多世紀友好關係的參與者和見證者。他們所寫的一個個故事，有細節花絮，情節生動，十分感人，配有照片，頗具可讀性、趣味性。這些珍貴的歷史回憶，是作者們獻給中瑞建交六十五週年和廣大讀者的一份厚禮。

　　在此，我向這些積極撰稿的老領導、老同事、老朋友，以及瑞士老朋友、前駐華大使周鐸勉（Dominique Dreyer）先生，

原瑞士在華專家鮑越、鮑愛樂夫婦（Elo und Juerg Baumberger），瑞士因特拉肯中學前校長萊辛（Helmut Reichen）先生和瑞士LEP 規劃諮詢公司首席執行官迭哥（Diego Salmeron）先生表示衷心的感謝。

中國現任駐瑞士大使許鏡湖女士、瑞士現任駐華大使戴尚賢（de Dardel）先生和瑞中協會主席瓦格納博士（Dr. Thomas Wagner）在百忙中為本書撰寫了序言，對本書的出版給予高度評價。謹向他們表示衷心的感謝和崇高的敬意。

本書在編輯過程中得到了五洲傳播出版社、外交筆會、外交部歐洲司三處、瑞士駐華大使館和中國駐瑞士大使館等單位的大力支持和指導。在此，也表示真誠的謝意。

希望本書的出版能得到廣大讀者特別是青年朋友的關注，為傳播和加深中瑞友誼作出貢獻，為兩國友好關係的發展更上一層樓添磚加瓦。

許穎之
二〇一五年 10 月

一帶一路研究叢刊　AA301009

中國和瑞士的故事

作　　　者	許穎之
版權策畫	李煥芹
責任編輯	呂玉姍

發　行　人	陳滿銘
總　經　理	梁錦興
總　編　輯	陳滿銘
副總編輯	張晏瑞
編　輯　所	萬卷樓圖書股份有限公司
排　　版	菩薩蠻數位文化有限公司
印　　刷	維中科技有限公司
封面設計	菩薩蠻數位文化有限公司

出　　版　昌明文化有限公司

桃園市龜山區中原街 32 號

電話　(02)23216565

發　　　行　萬卷樓圖書股份有限公司

臺北市羅斯福路二段 41 號 6 樓之 3

電話　(02)23216565

傳真　(02)23218698

電郵　SERVICE@WANJUAN.COM.TW

大陸經銷

廈門外圖臺灣書店有限公司

　　電郵 JKB188@188.COM

ISBN 978-986-496-467-3

2019 年 3 月初版

定價：新臺幣 420 元

如何購買本書：

1. 轉帳購書，請透過以下帳戶

　合作金庫銀行　古亭分行

　　戶名：萬卷樓圖書股份有限公司

　　帳號：0877717092596

2. 網路購書，請透過萬卷樓網站

　網址 WWW.WANJUAN.COM.TW

大量購書，請直接聯繫我們，將有專人為您

服務。客服：(02)23216565　分機 610

如有缺頁、破損或裝訂錯誤，請寄回更換

國家圖書館出版品預行編目資料

中國和瑞士的故事 / 許穎之著. -- 初版. -- 桃
園市：昌明文化出版；臺北市：萬卷樓發
行, 2019.03

　面；　公分

ISBN 978-986-496-467-3(平裝)

1.中國外交　2.瑞士

574.18448　　　　　　　　　　108003203

**本著作由五洲傳播出版社授權大龍樹（廈門）文化傳媒有限公司和萬卷樓圖書股份有
限公司（臺灣）共同出版、發行中文繁體字版版權。**